GEHEIME ZAUBER-KRÄUTER

GEHEIME ZAUBER-KRÄUTER

LEGENDEN, RITEN, REZEPTUREN

MARGARET PICTON
ÜBERSETZT VON PETRA KÜHLER-ANDERS

Bassermann

ISBN 978-3-8094-2006-4

Originaltitel: „The Book of Magical Herbs“

Umschlaggestaltung: Atelier Versen, Bad Aibling
Fotos: Nachweis siehe Seite 128
Zeichnungen: John Woodcock
Layout: Rebecca Adams
Übersetzung: Petra Kühler-Anders
Redaktion: Gisela Klemt, lüra – Service für Verlage, Wuppertal/Ralf Labitzky
Satz und Herstellung: Uhl & Massopust, Aalen

Druck: SNP Leefung Printing Limited
Printed in China

109410100X817 2635 4453 6271

INHALT

EINLEITUNG

Können all deine Stoffe oder deine Bilder mehr Schönheiten zeigen als Kräuter und Blumen?

Abraham Cowley, Dichter des 17. Jahrhunderts

IN DIESEM BUCH GEHT ES UM DIE FASZINATION VON DER MAGIE DER Kräuter, um Geheimnisse und Bräuche, die die Legenden der Völker von jeher bereichert haben. Es erzählt von heiligen Mythen, jahrhundertealten Fabeln, magischen Riten, Aberglauben und alten Bräuchen, die früher den Menschen halfen, ihre Welt zu verstehen und ihr Schicksal und Wohlergehen mit natürlichen Mitteln zu lenken.

Ein uraltes Vermächtnis

Die fast geheimnisvolle Heilkraft von Kräutern und ihre Fähigkeit, Schmerzen zu lindern, lässt sich bis an den Anfang der Geschichte zurückverfolgen. Bereits frühe Zivilisationen experimentierten mit Pflanzen. So fanden sie heraus, mit welchen Kräutern sie ihre Leiden behandeln konnten, und dieses Wissen wurde von Generation zu Generation mündlich und durch praktische Unterweisung weitergegeben. An den Artefakten vieler Kulturen wie Grabmalereien, Fresken, Bronzekunst und Steinen mit Keilschrift ist zu erkennen, wie wichtig Kräuter für diese frühen Völker waren.

Heilung durch Kräuter

Bereits Kräuterbücher und medizinische Abhandlungen des Altertums enthielten Beschreibungen von Pflanzen und ihren heilenden Eigenschaften. Im Mittelalter wurden in Klöstern Krankenstationen eingerichtet. Die Mönche pflanzten in speziellen Gärten eine Vielfalt von Pflanzen für ihre Arzneitränke, Öle und Salben an, mit denen sie die Kranken behandeln konnten. Die Frauen der Bauernfamilien fanden die Pflanzen für ihre Kräuterheilmittel in Hecken und Wäldern. Im 16. und 17. Jahrhundert wurden viele Kräuterbücher zur

Ein moderner Kräutergarten, traditionell geometrisch gestaltet.

7 Einleitung

richtigen Bestimmung und Verwendung von Kräutern veröffentlicht. Sie waren eine große Hilfe für Hebammen und heilende Frauen. Der Arzt und Priester William Turner, der als Vater der englischen Botanik bekannt wurde, schrieb 1551 *Ein neues Kräuterbuch*. *Das Kräuterbuch* von John Gerard erschien im Jahre 1597 und John Parkinson, Arzt von James I., schrieb 1529 *Paradisus*. Diese produktive Zeit endete 1653 mit dem bekannten Buch *Der englische Arzt* von Nicholas Culpeper. Dieser widmete einen großen Teil seiner Zeit dem Studium der Astrologie und Medizin. Er arbeitete als Apotheker in London und behandelte viele Arme unentgeltlich. Nachfolgenden Generationen vermachte er eine umfangreiche Sammlung von Kräuterheilmitteln, von denen einige heute noch so nützlich sind wie vor über 300 Jahren.

Nicholas Culpeper (1616–1654) wies den Sternzeichen bestimmte Kräuter zu.

Magische Kräuter

Vielen Kräutern wurden magische Eigenschaften zugeschrieben. Die Angelsachsen kannten neun heilige Kräuter zum Schutz vor allen möglichen bösen Einflüssen. Man trug Kräuter in der Hand, als Amulette oder hängte sie über Türrahmen, Fenster und Betten – als Zaubermittel gegen Hexerei, böse Geister, Alpträume und Krankheiten. Manche kochte man auf, um schützende Tränke daraus zuzubereiten. Fenchel war angeblich gut gegen Hexen. Man hängte ihn am Vorabend der Sommersonnenwende (23. Juni) als Glücksbringer an Balken auf und die Samen

Fenchel

Thymian

drückte man in die Schlüssellöcher von Häusern, in denen es spukte. So sollten böse Mächte fern gehalten werden. Auch Thymian war besonders mit Magie, Hexerei und unnatürlichem Tod verbunden. Er war Bestandteil einer magischen Salbe, die angeblich Menschen Feen sehen ließ. Einige Kräuter verursachten Sinnestäuschungen und Hexen fügten sie ihrem magischen Gebräu hinzu, um ihre Kunden zugänglicher zu machen. Wermut setzten viele Hexen gern ein, weil die Menschen nach seinem Genuss doppelt sahen.

Man glaubte, dass Hexen ihre Besen aus Lorbeerzweigen anfertigten.

Die Kräuterernte

Der Überlieferung nach hatten Kräuter die größte Wirkung, wenn sie im ersten oder zweiten Mondviertel gesät oder gepflanzt wurden, und man glaubte, dass sie besser wirkten, wenn man sie nachts sammelte. Bei den Sachsen war es üblich, Kräuter in der Dämmerung zu ernten. Beim Sammeln von Kräutern gab es viele seltsame Bräuche. Die Druiden trugen weiße Leinengewänder, gingen barfuß und schnitten ihre kostbaren Pflanzen mit einer goldenen Klinge ab. Die Kräuter zur Vollmondzeit oder kurz danach zu ernten, galt als besonders effektiv. In bestimmten Gegenden sammelte man die Kräuter in der linken Hand, sah dabei niemals in den Wind und wandte sich nicht um. Während man die Pflanzen abschnitt, sprach man mit ihnen. Kräuter, die zu Boden gefallen waren, ließ man liegen, weil man glaubte, das Gute in ihnen sei in die Erde zurückgesickert. Einige Kräuter konnten nur mit bestimmten Geräten geschnitten werden. So hielt man es beispielsweise für falsch, Kräuter mit Werkzeugen aus Eisen abzuschneiden.

Ein Fest der Düfte

Die Ernte wurde getrocknet, damit man die Kräuter auch noch im Winter verwenden konnte. Außerdem stellte man Potpourris und Duftsäcke daraus her, sodass es im Haus immer frisch duftete. In der Zeit der Tudors hatten große Häuser sorgfältig angelegte Kräutergärten, von Eibenhecken und mit niedrigen Begrenzungen aus kontrastierenden Kräutern umgeben. In den Vorratskammern der Herrenhäuser wurden die Kräuter getrocknet, zerstoßen und für eine Reihe von aromatischen Erzeugnissen wie Duftwasser, Blumensirup und Duftkerzen destilliert. In Häusern und Kirchen deckte man die Fußböden mit wohlriechenden Kräutern und Binsen ab. Dank dieser duftenden Teppiche ließen sich unangenehme Gerüche überdecken. Einige Kräuter dienten auch als wirksame Insektenmittel, andere halfen gegen Krankheiten. Den Boden mit Kräutern zu bestreuen galt als besonders wirksam, wenn Seuchen herrschten, und ähnlich ging man vom 17. Jahrhundert an in Gerichtssälen vor – zum Schutz der Richter vor ansteckenden Krankheiten.

Weihnachtskranz aus Lorbeerzweigen und Zitrusfrüchten

Kräuterkunde heute

Noch heute bringt man viele Kräuter mit ihrer alten Bedeutung in Verbindung. Der immergrüne Lorbeer zum Beispiel gehört traditionell zu Weihnachten und wird in Kränze eingeflochten. Rosmarin wiederum dient der Erinnerung. Kinder geben Überlieferungen oft unwissend durch ihre Spiele weiter, wie zum Beispiel in „Ringele ringele reihe". Duftende Kräuter können uns intensiv an unsere Kindheit oder an bestimmte Ferien am Meer oder auf dem Land erinnern. Dies alles kam schon von jeher in Gedichten und Prosa zum Ausdruck. Dieses Buch zeigt Ihnen, wie Sie Ihr Leben verschönern können, indem Sie die mystischen Kräfte von Kräutern für sich selbst wieder entdecken.

Rosmarin

KRÄUTERREZEPTE

Majoran

Dieses Buch enthält viele Kräuterrezepte zum Lindern, Heilen und Schützen. Es werden folgende Behandlungsmethoden angewendet:

Aufgüsse

Übergießen Sie frische oder getrocknete Kräuter mit kochendem Wasser und lassen Sie sie etwa zehn Minuten lang ziehen. Filtern Sie dann die Flüssigkeit. Aufgüsse eignen sich am besten für Blätter und Blüten und sind heiß oder kalt anwendbar.

Abkochung

Abgekocht werden im Allgemeinen harte Pflanzenteile wie Wurzeln und Samen. Ihre heilenden Eigenschaften gewinnt man, indem man sie kocht oder siedet. Die Kräuter mit etwas Wasser in einem Topf zum Kochen bringen. Mindestens zehn Minuten lang sieden und dann abkühlen lassen. Die Flüssigkeit abfiltern und die Kräuter zerdrücken, damit der ganze Saft herauskommt.

Kompressen

Hierzu wird ein Tuch in einem Kräuteraufguss getränkt und dann direkt auf die betroffene Stelle gelegt. Kompressen können je nach behandelter Beschwerde heiß oder kalt angewendet werden.

Breiumschläge

Frische Kräuter kommen in ein Tuch, das kurz in kochendes Wasser getaucht wird. Den ausgedrückten heißen Umschlag äußerlich anwenden und zum Feuchthalten regelmäßig kurz in heißes Wasser tauchen.

VORSICHT

Die Selbst-Behandlung mit Kräuterheilmitteln sollte nur bei geringfügigen Beschwerden vorgenommen werden. Wenn Sie auf Arzneimittel oder Salben schon einmal allergisch reagiert haben, holen Sie unbedingt erst Rat ein, bevor Sie die Rezepte aus diesem Buch ausprobieren. Hören Sie mit der Behandlung sofort auf, wenn es Ihnen schlechter geht.

belebend
geweiht
erfrischend

SCHÜTZEN

stärkend
heilsam
als Arznei

inspirierend

heilig

schmackhaft

D & HEILIG

mystisch

Wilde und angebaute **Kräuter** sind die ältesten Mittel, um bei Mensch und Tier Schmerzen zu lindern, Symptome zu behandeln und Krankheiten zu heilen. Schon frühe Kulturen schätzten **Kräuter** wegen ihrer geheimnisvollen heilenden Wirkungen. **Kräuter** galten als wichtige Zutaten in Zauberformeln und Hexentränken und spielten besondere Rollen bei religiösen Festen. In der Antike waren **Kräuter** oft Göttern und christlichen Heiligen geweiht oder ihnen zu Ehren benannt. Von einzelnen Pflanzen dachte man sogar, sie böten heiligen Schutz vor der Pest, vor Blitzschlag und bösen Mächten.

LORBEER

Laurus nobilis

Was gibt es auf der ganzen Erde
Schöneres als einen Kranz aus Lorbeeren?

John Keats, *An die Damen, die mich gekrönt sahen*, 1817

Im Altertum schätzte man dieses heilige Kraut sehr. Es kam in vielen heidnischen Riten vor und war Apollo gewidmet, der sich der Legende nach in die Nymphe Daphne verliebte. Als diese aus seiner Umarmung floh, wurde sie in einen Lorbeerbaum verwandelt und Apollo trug daraufhin einen Kranz aus Lorbeerblättern auf dem Kopf. Er riet seinen Anhängern, es ihm nachzutun – als Zeichen seines Schutzes vor dem Bösen.

In Delphi baute Apollo einen ganzen Tempel aus Lorbeerzweigen. Später wurde dort zwar ein Tempel aus Stein errichtet, doch man bedeckte das innere Heiligtum weiterhin mit Lorbeer. Die alten Griechen feierten das „Lorbeerfest“, ein Fest des Friedens und des Sieges. Während der Prozession sangen thebanische Mädchen mit Lorbeerkronen Lobhymnen auf Apollo. Man glaubte, Propheten könnten durch dieses magische Kraut Ereignisse vorhersagen. Bevor die Propheten beim Orakel von Delphi in Trance fielen und von der Gabe der Prophezeiung erfüllt wurden, kauten sie Lorbeerblätter und schüttelten einen Lorbeerbaum, der in der Nähe des Orakels stand. In der Neuzeit steht der Lorbeer für herausragende literarische und künstlerische Leistungen. Der Begriff „sich auf den Lorbeeren ausruhen“ impliziert Zufriedenheit mit dem, was bereits erreicht wurde. Der Lorbeer ist die Geburtstagsblume des 14. Juli. In der Blumensymbolik steht der Baum für Ruhm und das Blatt für gleich bleibende Zuneigung. Laut Nicholas Culpeper, einem berühmten englischen Botaniker des 17. Jahrhunderts, ist der Lorbeer ein Baum der Sonne und steht unter dem Einfluss des Löwen.

HEILIGER SCHUTZ

Ich habe gesehen einen Gottlosen, der war trotzig und (...) grünte wie ein Lorbeerbaum. **Die Bibel, Psalm 37;35**

Wegen der Verbindung zu Apollo glaubte man, Lorbeer böte Schutz. Immer schon mit Hexerei und Glückszauberformeln verknüpft, sollte der Lorbeer böse Geister vertreiben. Im Mittelalter hängte man Lorbeerzweige in Kirchen auf, um gute Feen und Elfen willkommen zu heißen. Das Landvolk glaubte, Hexen bevorzugten das Holz des Lorbeerbaumes für die Besen, auf denen sie bei ihren mitternächtlichen Ausflügen durch die Luft flogen.

Man nahm an, dass der aromatische Geruch von Lorbeer Infektionen vertrieb, und abergläubische Leute behielten bei einer Seuche immer ein Lorbeerblatt im Mund.

Einmal wurde während einer Pest dem römischen Kaiser Claudius geraten, seinen Hof nach Laurentium zu verlegen, einer Stadt, die für ihre große Anzahl von Lorbeerbäumen bekannt war. Seit jeher hat man geglaubt, dass Lorbeer Schutz vor Blitz und Donner bietet. Von Kaiser Tiberius wird berichtet, dass seine Angst vor Blitzen so groß war, dass er bei Gewitter immer unter sein Bett kroch und sich Lorbeerzweige auf den Kopf legte. Wenn ein Lorbeerbaum einging, galt dies als Vorzeichen dafür, dass ein Familienmitglied sterben oder ein Unglück geschehen würde. Berichte von Zeitgenossen des Kaisers Nero besagen, dass vor dessen Tod alle Lorbeerbäume in Rom eingingen. Wenn Lorbeerholz im Kamin knackend verbrannte, galt dies als Zeichen für Glück. Schwelte es aber nur, verhieß dies wenig Gutes.

✤ Ein Lorbeerbaum, nahe am Haus gepflanzt, schützt Sie vor Blitz und Donner. ✤

✤ Legen Sie ein Lorbeerblatt unter Ihr Kissen – Sie träumen dann von der Zukunft. ✤

✤ Tragen Sie einen Milchzahn oder Kirschkern bei sich, der in ein Lorbeerblatt gewickelt ist, das im August gepflückt wurde. So hören Sie Gutes über sich sagen. ✤

✤ Nehmen Sie einen Lorbeerbaum mit, wenn Sie in ein neues Heim umziehen, dann bleibt das Glück nicht zurück. ✤

FESTE

Oh, wunderschöner Lorbeer, ich verehre dich –
Deinem Gewinde huldige, deinen Baum schätze ich,
Und von all den Kränzen, die durch Ruhm entstehen,
Würde ich nur vor diesem niederknien.

Eliza Cook, Dichter des 19. Jahrhunderts

Im antiken Griechenland und Rom krönte man herausragende Gelehrte, Dichter, erfolgreiche Athleten und siegreiche Generäle mit Lorbeerkränzen. Lorbeer wurde mit Erfolg verbunden. Briefe über siegreiche Schlachten wickelte man daher in Lorbeerblätter und ihre Überbringer hatten einen Lorbeerzweig bei sich. Mit Lorbeer waren auch die Postkutschen geschmückt, die die Nachricht vom Sieg der Briten über die Franzosen in der Schlacht von Waterloo überbrachten. Seit jeher wird die Pflanze auf Büsten, Münzen und Kunstwerken dargestellt. Sie verzierte die Palasttore der Cäsaren und die der Hohe Priester von Rom. Julius Caesar soll sich sehr geehrt gefühlt haben, als der Senat ihm erlaubte, einen Lorbeerkranz zu tragen. So konnte er seine Kahlheit verbergen, denn kahl zu sein galt bei den Römern als Makel.

Zu den Saturnalien, einem heidnischen Vorläufer von Weihnachten, schmückten die Römer ihre Häuser mit Lorbeer. Im Laufe der Zeit wurde Lorbeer stets mit der Weihnachtszeit in Verbindung gebracht. Traditionell wurde er zu Neujahr unter Freunden ausgetauscht als Symbol für die Hoffnung, dass das kommende Jahr viel Glück bringen möge. In Griechenland streute man während der Feier am Karsamstag in Kirchen Lorbeerblätter auf den Boden.

✤ Schenken Sie Freunden getrocknete, in Lorbeerblätter gewickelte Feigen zu Neujahr. ✤

✤ Schmücken Sie für eine Hochzeitsfeier sämtliche Türrahmen mit Lorbeerblättern – das bringt Glück! ✤

✤ Brechen Sie einen Lorbeerzweig entzwei und geben Sie die Hälfte Ihrem Liebsten, damit er treu bleibt. ✤

WOHLBEFINDEN

Die Römer gaben Lorbeerblätter gegen schmerzende Glieder in heiße Bäder. In der Volksmedizin wurde der Saft der Lorbeeren bei Schlangenbissen, Bienen- und Wespenstichen und ansteckenden Krankheiten eingesetzt. Man glaubte, sieben Lorbeeren würden bei einer Frau in den Wehen eine schnelle Entbindung garantieren. Manch eine Frau aß sie aber auch in der Hoffnung, dadurch eine ungewollte Schwangerschaft zu beenden. Aus verbranntem Lorbeer wurden antiseptische Mittel für den Haushalt und Insektenvertilgungsmittel hergestellt. Man streute das Kraut zur Zeit der Römer auch gern auf die Fußböden, mischte es ins Mehl und umgab Lakritze und getrocknete Feigen damit, um Getreidekäfer fern zu halten. Römische Köche zerstießen schwarze Lorbeeren und andere Samen und Kräuter, um daraus eine scharfe Soße zum Fleisch zuzubereiten.

Das Öl entfernt Male auf Haut und Leib, die durch Prellungen oder Ähnliches zugefügt wurden.

Nicholas Culpeper, *Der englische Arzt*, 1653

✤ Geben Sie, wenn Sie Blumenkohl oder andere Kohlsorten kochen, einige Lorbeerblätter hinzu, damit es weniger streng riecht. ✤

✤ Lassen Sie einen Beutel Lorbeerblätter in Ihr heißes Bad sinken – das lindert Rheumaschmerzen. ✤

✤ Entspannen Sie mit einem Dampfbad fürs Gesicht: Brühen Sie Lorbeer- und Rosenblütenblätter, Kamillenblüten und Rosmarin mit kochendem Wasser auf. ✤

HONIGWEIN

„Man vermenge einen Liter Honig, sieben Liter Wasser und jeweils einen Zweig Lorbeer, Rosmarin und Ysop und lasse alles eine halbe Stunde lang kochen. Dann stehen lassen, bis die Flüssigkeit klar ist. Man gebe diese nun in einen Topf mit Hahn, füge frische Hefe hinzu und lasse sie gehen, bis die Flüssigkeit klar ist. Dann fülle man dieselbe in Flaschen ab und lasse sie vor dem Genuss noch zwei Monate lang ruhen. Dann prickelt der Honigwein besonders."

Martha Washingtons *Buch der Kochkunst*, 16. Jahrhundert

SCHAFGARBE

Achillea millefolium

Du hübsches Kraut des Venusbaums,
Schafgarbe nennt man dich.
Wer wird mein Freund des Herzens sein?
Sag es mir, so flehe ich.

Überlieferter englischer Vers

Die Römer benannten dieses alte Kraut nach Achilles, dem starken und mutigen Krieger in Homers *Ilias*, dessen Speer sowohl die Macht hatte zu heilen als auch zu töten.

Und wusste von Achilles Speer zu sagen,
Der Wunden heilte, die er selbst geschlagen.

Geoffrey Chaucer, *Die Erzählung des Junkers*, 1386–1389

Der Legende nach soll die Schafgarbe aus Rostspänen von Achilles' Speer entstanden sein. Es heißt, Achilles heilte im Trojanischen Krieg viele verwundete Kameraden damit. Wegen ihrer Heilkraft ist sie von jeher auf dem Schlachtfeld verwendet worden. Der angelsächsische Name *gearwe* bedeutet „Wiederhersteller der Körper" und viele Ureinwohner Amerikas priesen das Kraut, weil es Wunden heilen konnte. Im Irland des 19. Jahrhunderts glaubte man, dass Schafgarbe das erste Kraut war, das Jesus als Kind pflückte, und deshalb sollte es Glück bringen. Der Legende nach konnte jemand, der im Traum Schafgarbe für eine Arznei pflückte, bald mit guten Neuigkeiten rechnen. Die Pflanze sollte außerdem gebrochene Herzen heilen können.

Wilde Schafgarbe ist normalerweise weiß, es gibt jedoch auch viele farbige Varianten. Sie ist die Geburtstagsblume des 16. Januar und symbolisiert in der Sprache der Blumen Kummer und Genesung. Laut Nicholas Culpeper steht sie unter dem Einfluss des Planeten Venus.

HEILIGER SCHUTZ

Garbe, süße Garbe, die erste, die ich fand,
Im Namen Jesus Christus pflück' ich sie mit der Hand.
Wie Josef die Maria hold zu seinem Schatze macht',
Soll meine wahre Liebe im Traum erscheinen heute Nacht.

Überlieferter englischer Vers

Die Druiden schrieben diesem Kraut heilige Kräfte zu und sagten mit Hilfe großer Stängel das Wetter vorher. Auch die alten Chinesen – so steht es im *I Ging* – weissagten in einer Zeremonie mit Schafgarbenstielen die Zukunft.

Mit ihren angeblich starken magischen Eigenschaften war die Schafgarbe dem heiligen Johannes zugewiesen. Sie wurde am 23. Juni (dem Vorabend des Johannistags) in Häusern und Kirchen zum Schutz vor Krankheit und bösen Geistern aufgehängt. Als Bund wurde sie an Türrahmen genagelt und bei Sonnenuntergang ins Feuer geworfen. Man webte sie in Dekorationsstoffe ein und hielt mit ihr Hexen und Feen fern.

Man glaubte, dass auch Hexen das Kraut für ihre Zauberformeln und Tränke benutzten. Einige im Englischen übliche Bezeichnungen für Schafgarbe zeigen, wie sehr die Pflanze mit bösen Geistern verknüpft wurde: Spielzeug des Teufels, Teufelswürze und Teufelsnessel wird sie genannt. Letztere Bezeichnung könnte jedoch auch auf ein beliebtes Kinderspiel zurückgehen, bei dem Schafgarbenblätter durchs Gesicht gezogen wurden, damit es kitzelte.

Hängen Sie einen Strauß Schafgarbe über die Wiege eines Neugeborenen – das hält Hexen und böse Feen fern.

Halten Sie Schafgarbe an Ihre Augenlider, so sehen Sie, wer gerade an Sie denkt.

VOLKSTÜMLICHES Fiebermittel

Man pflücke mit der linken Hand ein Blatt Schafgarbe und spreche dabei den Namen des Kranken aus. Anschließend esse man das Blatt. So sinkt das Fieber des Patienten.

GESUNDHEIT & GLÜCK

Pflanz mir einen Garten, der dann den Körper heilt,
Zehrkraut, Garbe, Tausendschön zur Hilfe eilt,
Beinwell für die Knochen und Salbei für das Blut,
Zur Pflege von den Kranken Ysop und Fingerhut.

Ein Lied über Kräuter aus der elisabethanischen Zeit

Die Schafgarbe schätzte man so sehr als Heilkraut, dass sie den Beinamen „Jod der Wiesen und Felder" bekam. Man glaubte, dass Schafgarbe so reich auf Friedhöfen wuchs, damit die Toten daran erinnert wurden, dass sie zu Lebzeiten keine Schafgarbe gegessen hatten. Im Mittelalter wurden die Blätter zerstoßen und bei Nasenbluten in die Nase gestopft. Andererseits wurde die Pflanze aber auch eingesetzt, um Nasenbluten herbeizuführen. Dazu kitzelte man mit einem Blatt die Naseninnenwände. Das darauf folgende Nasenbluten sollte Migräne lindern und Bluthochdruck senken.

Schafgarbe aß man traditionell bei Hochzeitsfeiern und sie war als „siebenjährige Liebe" auch im Brautstrauß enthalten. Das Kraut sorgte angeblich dafür, dass die Liebe von Brautleuten mindestens sieben Jahre andauerte. Im Volkstum diente die Schafgarbe oft für Prophezeiungen in Liebesangelegenheiten. Pflückte eine Frau zum Beispiel in einer Vollmondnacht die Pflanze vom Grab eines jungen Mannes und legte sie unter ihr Kopfkissen, so würde sie von ihrem künftigen Geliebten träumen.

Wenn Sie prüfen wollen, wie stark die Gefühle Ihres Geliebten sind, kitzeln Sie Ihre Nase mit Schafgarbe und sagen Sie dabei:
Garbe, oh Garbe, bei diesem sanften Hieb
Nase, so blute, wenn mein Schatz mich liebt!

Brühen Sie einen Schafgarbetee auf und verwenden Sie ihn abgekühlt als Mundwasser bei entzündetem Zahnfleisch.

ERKÄLTUNGS-trunk

1 TL getrocknete Schafgarbe
1 TL getrocknete Holunderblüten
½ TL getrocknete Pfefferminze
1 Prise Cayennepfeffer

Übergießen Sie die Kräuter in einem warmen Topf mit kochendem Wasser. Abdecken und zehn Minuten lang stehen lassen, Abfiltern, den Cayennepfeffer einrühren und den Tee so heiß wie möglich trinken. Bei Bedarf mit Honig süßen.

ANGELIKA

Angelica archangelica

Faule Luft, durch die Seuchen entsteh'n,
Steckt nicht die an, die Angelika im Munde haben.
Glückliches Gegengift, es hält gesund,
Ist von einem himmlischen Boten herabgesandt,
Offen sowohl Name als auch Art genannt.

Guillaume Du Bartas, Dichter des 16. Jahrhunderts

Es heisst, die Angelika – benannt nach dem Erzengel Sankt Michael – erblühe am Michaelitag, dem 29. September. Der Erzengel soll einem Mönch im Traum verraten haben, dass mit diesem magischen Kraut die Pest zu heilen sei. Eine andere Verbindung zu dem Erzengel entstand im 17. Jahrhundert, als der englische Naturwissenschaftler John Tradescant von einer Reise nach Russland mit einigen Angelika-Exemplaren zurückkehrte, die er nahe der Stadt Archangelsk gefunden hatte. Der Botaniker John Parkinson (17. Jahrhundert) wiederum meinte, das Kraut sei wegen seiner überirdischen Heilkräfte so benannt. Wahrscheinlich ist aber, dass der Name vom griechischen Wort angelos („Bote") abgeleitet ist. Sowohl die hellgrünen Blätter als auch die Blütentrauben, Stängel, Wurzeln und Samen der Angelika wurden früher bei vielen Leiden verschrieben. Die Angelika war Hauptzutat eines magischen Verjüngungselixiers. Sie soll geholfen haben, Menschen vom Alkohol abzubringen, und war als Heilmittel gegen Rauchen und sogar bei Bissen von tollwütigen Hunden bekannt. Nach alter Sitte gaben Eltern ihren Sprösslingen getrocknete, pulverisierte Angelikawurzeln mit Wein gemischt zu trinken, um „die tobende Lust junger Menschen zu mäßigen". Die Angelika ist die Geburtstagsblume des 11. Juli und symbolisiert Inspiration und sanfte Schwermut. Laut Nicholas Culpeper ist es ein Kraut der Sonne im Zeichen des Löwen.

HEILIGER SCHUTZ

Die Wurzel der Gartenangelika ist ein einzigartiges Mittel gegen Gift und gegen die Pest und alle Ansteckungen durch das Böse und durch verdorbene Luft.

John Gerard, *Das Kräuterbuch oder die gesamte Geschichte der Pflanzen*, 1579

VON JEHER WURDEN DER ANGELIKA MAGISCHE Kräfte zugeschrieben. Sie sollte vor Hexerei schützen – denn keine Hexe, die etwas auf sich hielt, verwendete diese Pflanze für ihre Zaubertränke. Angelika wurde wegen ihrer reinigenden Wirkung zu vielen heidnischen Bräuchen gebraucht und das Landvolk stimmte alte Weisen an, wenn es die Pflanze zum Markt brachte. In einigen Gegenden wurde Angelika in Umzügen durch Städte und Dörfer getragen. Später war sie Teil christlicher Zeremonien und als Heiliggeistwurz bekannt.

Ärzte rieten ihren Patienten, Angelika zu kauen, um nicht die Pest zu bekommen, und die getrockneten Wurzeln und Samen verbrannte man wegen des Duftes und zur Desinfektion und Reinigung des Hauses über heißen Kohlen.

Verbrennen Sie getrocknete Wurzel, um muffige Räume aufzufrischen.

Einen Zweig Angelika bei sich zu haben, schützt vor den Sprüchen der Hexen.

Luftreiniger

„Man trockne eine Wurzel der Angelika im Ofen oder vor dem Feuer, zerquetsche sie gut und weiche sie vier bis fünf Tage in Weißweinessig ein. Zur Anwendung lege man sie auf einen glutroten Ziegelstein und wiederhole den Vorgang mehrmals."

***Die florale Toilette*, 1775**

ALT-BEKANNTES Toilettenwasser

3 Hand voll Angelika
4 Hand voll Poleiminze
4 Hand voll Rosmarin
4 Hand voll Salbei
115 g Wacholderbeeren

Man nehme frische Kräuter, mische alle Zutaten in einem Topf, gebe etwas Wasser hinzu und lasse alles fünf Minuten lang kochen. Die Flüssigkeit abkühlen lassen und vor Gebrauch abfiltern.

AROMA & DUFT

Auf einer Insel im Norden, die Island heißt, wo sie [Angelika] sehr hoch wächst, wird sie von den Bewohnern gegessen … [und Reisende] berichten, dass sie denen, die hungrig sind, gut und angenehm schmecke.

John Gerard, *Das Kräuterbuch oder die gesamte Geschichte der Pflanzen*, 1579

VIELE JAHRHUNDERTE LANG WURDEN DIE STÄNGEL, BLÄTTER UND WURZELN DER ANGELIKA IM April und Mai geerntet und dann zu Konfekt kandiert. Mit kandierten Angelikastängeln dekorierte man später auch Torten. Oft kochte man die mittleren Stiele von großen Blättern und aß sie wie Spargel oder man tunkte Stängel, Wurzeln und Stiele in Butter und aß sie roh. Junge Blätter und Wurzelschrot kamen in Salate. Mit Angelikasamen würzten Mönche Liköre. Außerdem war die Pflanze Bestandteil des Karmelitergeistes, des berühmten Toilettenwassers, das die Pariser Karmelitermönche erfanden.

Tragen Sie einen Kranz aus Angelika, um von seinem Duft inspiriert zu werden.

Verwenden Sie beim Einkochen von Früchten Angelikastängel, um Zucker zu sparen und den Säuregehalt zu senken.

Besprenkeln Sie nach dem Verzehr von Knoblauch den Körper mit Angelikawasser. So reduzieren Sie Ihren Mundgeruch.

VORSICHT: Diabetiker sollten Angelika nicht innerlich anwenden, da sie den Blutzuckerwert erhöht.

KANDIERTE Angelika

Im Frühling gepflückte, junge Stängel oder Blattstiele in kurze Stücke schneiden und in einem Topf vollständig mit Wasser bedecken. Gar kochen, abgießen und schälen. Die Stängel zurück in den Topf legen, mit Wasser bedecken und aufkochen lassen. Abschütten und abkühlen lassen. Abwiegen und mit der gleichen Menge Zucker bedecken. Zwei Tage abgedeckt an einem kühlen Ort stehen lassen. Dann die Angelika mit dem Sirup, der sich gebildet hat, in einem Topf köcheln lassen, bis sie glänzt. Den Sirup abgießen. Die Angelika mit Zucker bestreuen und im lauwarmen Ofen trocknen. Nach dem Abkühlen in Wachspapier wickeln und in einem luftdichten Behälter aufbewahren.

KNOBLAUCH

Allium sativum

Nach Lauch und Zwiebeln
trug er groß Verlangen.
Er trank gern starken Wein so rot wie Blut.

Geoffrey Chaucer, *Die Canterbury-Erzählungen*, 1386–1389

KNOBLAUCH GEHÖRT ZU DEN ÄLTESTEN PFLANZEN, DIE DIE MENSCHEN KENNEN. Schon frühe Kulturen Asiens und Indiens sollen ihn verwendet haben. Interessant ist, dass sein Name in Sanskrit, der alten heiligen Sprache des Hinduismus, „Ungeheuertotschläger“ bedeutet. Auch bei den alten Griechen und Römern war Knoblauch beliebt. Der griechischen Sage zufolge rettete Odysseus auf dem Heimweg von Troja sich und seine Seemänner aus dem Bann der Zauberin Kirke, indem er eine magische Pflanze mit dem Namen Moly in den Wein gab. Moly war vermutlich eine wilde Knoblauchart. Man glaubte auch, die Unterweltgöttin Hekate, die die Zauberei erfunden haben soll, bewache Wegkreuzungen. So hinterließ man dort traditionell Knoblauch als Weihgeschenk für ihr Nachtmahl.

Die bemerkenswerten Heilfähigkeiten dieser stark antiseptisch wirkenden Pflanze verliehen ihr nahezu magische Eigenschaften. Früher trugen die Menschen Knoblauchzehen zum Schutz vor bösen Einflüssen bei sich – im Volksmund hieß es, dass sich mit Knoblauch Vampire abwehren ließen. Ferner wurde er als Aphrodisiakum eingesetzt, um die leidenschaftlichen Gefühle Liebender zu erhöhen. In einigen Ländern wurde Knoblauch jedoch wegen seines strengen Geruchs gemieden. Laut Astrologen steht der Knoblauch unter dem Einfluss des Mars‘.

HEILIGER SCHUTZ

Sollte je ein Mann mit sündiger Hand
Die betagten Eltern ersticken wollen,
Möge er Knoblauch essen, tödlicher als Schierling!

Horaz, Dichter und Satiriker des 1. Jahrhunderts v. Ch.

MAN GLAUBTE FRÜHER, KNOBLAUCH SCHÜTZE vor Hexerei, bösen Geistern und nächtlichen Vampirbissen. Deshalb trug man eine Zehe als Talisman oder Glücksbringer um den Hals. Zum Schutz vor Schiffbruch hatten Seemänner stets eine Knoblauchzehe bei sich. In einigen Gebieten Frankreichs war es Tradition, einem Kind bei der Taufe eine Zehe auf die Lippen zu legen – dies sollte Gesundheit und Glück bringen. Blinden Rindern wurden oft Knoblauchwurzeln umgehängt, denn sie sollten die Sehkraft zurückbringen können. Deutsche Bergarbeiter trugen Knoblauchwurzeln zum Schutz gegen die bösen Geister bei sich, die man häufig in Gruben wähnte. In Mexiko benutzten junge Mädchen Knoblauch dazu, einen Verehrer loszuwerden. Kampfhähne fütterte man vor einem Kampf mit Knoblauch, weil man dachte, sie würden dadurch aggressiver. Römische Soldaten aßen Knoblauch und nahmen ihn mit in die Schlacht, um mutiger zu sein. Stierkämpfer hatten eine Zehe mit in der Arena, weil sie glaubten, dies hielte den Stier davon ab anzugreifen. Im Traum Knoblauch zu essen bedeutete, dass verborgene Geheimnisse bald enthüllt würden.

● Tragen Sie auf See eine Knoblauchzehe bei sich, sie schützt vor Schiffbruch. ●

● Hängen Sie sich eine Kette aus Knoblauchzehen um, das hält Vampire fern. ●

● Zauber gegen Warzen: mit einer Knoblauchzehe drei Kreuze darüber machen. ●

SCHUTZ VOR **Gelbsucht**

Mit diesem uralten Rat kann man sich vor Gelbsucht schützen. Man trage 13 Tage lang eine Kette aus 13 Knoblauchzehen. Am 13. Tag gehe man um Mitternacht zu einer Kreuzung, nehme die Kette ab, werfe sie hoch und laufe nach Hause, ohne sich umzuschauen.

HEILUNG

Iss Lauch im März und Ränsel [Bärenlauch] im Mai
Und für den Rest des Jahres haben die Ärzte frei.

Überliefertes englisches Sprichwort

DIE ALTEN ÄGYPTER VERWENDETEN KNOBlauch wegen seiner heilenden Wirkung. In einer Inschrift der Großen Pyramide von Gizeh wird der Geldbetrag genannt, der für Knoblauchzehen, Zwiebeln und Rettich gezahlt wurde, um die Arbeiter, die die Pyramiden erbauten, gesund und bei Kräften zu halten. Der griechische Arzt Galen bezeichnete die Pflanze als „Allheilmittel“. Leprakranke aßen geschälte Knoblauchzehen, es ging ihnen danach besser.

Im Jahre 1726, als die Pest in Marseilles grassierte, führten vier Diebe, die wegen Diebstahl an Leichnamen festgenommen worden waren, ihre Immunität gegen die schreckliche Krankheit auf ihre Masken zurück, die sie in Essig, Knoblauch und anderen Kräutern eingeweicht hatten. Anfang des 19. Jahrhunderts arbeiteten einige französische Priester, die Knoblauch aßen, auf dem Höhepunkt eines hoch infektiösen Fiebers in den Londoner Elendsvierteln und steckten sich nicht an. Die natürlichen antiseptischen Eigenschaften des Knoblauchs wurden von jeher zur Behandlung von Wunden genutzt. Im zweiten Weltkrieg verband man Wunden mit Moos, das in Knoblauchsaft getränkt war, damit sie nicht eiterten.

● Abends eine feingehackte Knoblauchzehe vermengt mit geriebenem Apfel zu essen, ist gut für die Verdauung. ●

● Knoblauchbrei in einem Loch im Zahn lindert den Schmerz bis zum Arztbesuch. ●

● Um Keuchhusten abzuwehren lege man je eine Knoblauchzehe in die Schuhe. ●

EIN Wundermittel

4 ganze Knoblauchknollen
450 ml Weinbrand

Marinieren Sie den Knoblauch zehn Tage lang im Weinbrand und nehmen morgens einen Esslöffel in einem halben Glas Wasser als Stärkungsmittel.

EINZIGARTIGES AROMA

[Die Luft in der Provence ist] duftet besonders nach dem feinen Wohlgeruch dieser unerklärlich reizvollen Knolle.

Alexandre Dumas, *Das große Lexikon der Küche*, 1873

Knoblauch wurde schon immer gern in der Küche verwendet. Er gehörte zu den Hauptnahrungsmitteln der ägyptischen Bauern und ist in Wandmalereien von antiken Grabstätten dargestellt. Die Hebräer sehnten sich nach ihrer Flucht aus Ägypten nach Knoblauch, da sie sich während ihrer Gefangenschaft an ihn gewöhnt hatten. Die alten Griechen und Römer gaben rohen Knoblauch in Salate. Marco Polo, der im 13. Jahrhundert den Fernen Osten erforschte, berichtete, dass die Armen in Schlachthäusern Tierlebern kauften, sie klein schnitten und roh mit einer Knoblauchsoße aßen.

Dem Knoblauch wurden im Laufe der Zeit diverse Namen gegeben. Viele englische wie „Zwiebelstinker“ oder „stinkende Jenny“ beziehen sich herabsetzend auf den strengen Geruch. Es ist überliefert, dass der kastilische König Alfonso am 21. November 1368 verfügte, dass jeder Ritter, der Knoblauch aß, für 30 Tage vom Hof verbannt wurde. Vielen klassischen Gerichten – wie dem provençalischen Aïoli und der Pestosoße aus Genua – wird Knoblauch jedoch wegen der Würze zugefügt. Beim Kochen wird das Aroma der Knolle milder und süßlicher.

SUPPE mit Knoblauch

21 ganze Knoblauchknollen
2,5 Liter Wasser
1 Bund gemischte Kräuter
Salz und schwarzer Pfeffer
4 EL Olivenöl
75 g Butter
50 g Mehl
2 geschlagene Eier

Zehen abziehen und mit dem Wasser, dem Bund Kräuter, dem Öl und den Gewürzen in einen Topf geben. Aufkochen und etwa eine Stunde lang sieden lassen. Die Zehen zu Brei verarbeiten. Butter schmelzen, Mehl einrühren und damit die Suppe andicken. Etwas abkühlen lassen, bevor die geschlagenen Eier eingerührt werden.

● Kauen Sie Kardamomsamen oder essen Sie Kümmelsamen auf einer grünen Bohne, um Knoblauchatem loszuwerden. ●

● Um Salat Aroma zu geben, reiben Sie die Schüssel, in der er serviert wird, mit einer aufgeschnittenen Knoblauchzehe ein. ●

ESTRAGON

Artemisia dracunculus

Denn nur wenige sind gefeit
Gegen den Zauber des Melissenzweigs
Noch gegen die Hoffnung, Vorbild zu werden schon
Durch den maßvollen Einsatz von Estragon.

Margaret Brownlow, Gartenbaukünstlerin und Schriftstellerin des 20. Jahrhunderts

Die Gattungsbezeichnung *Artemisia* ist von Artemis abgeleitet, dem griechischen Namen für die römische Göttin Diana. Der Sage nach gab Diana diese Pflanzengruppe dem berühmten Zentauren und Arzt Chiron, der auf dem Berg Pelion in Thessalien lebte. Das ursprünglich französische Wort *Estragon* bedeutet „kleiner Drache". Man meinte, die langen, dünnen Blätter der Pflanze ähnelten den Zungen von Drachen und ihre aufgerollten, verdrehten Wurzeln seien wie die Rundungen eines Schlangenkörpers.

SCHUTZ & AROMA

[Estragon] erfrischt den Atem, schwächt den Geschmack von Arzneien.

John Gerard, Apotheker des 16. Jahrhunderts

Die Römer nahmen Estragon gegen Erschöpfung. Für einen Stärkungstrunk, der bei den alten Herrschern Indiens beliebt war, mischte man Estragon- und Fenchelsaft. Man glaubte, mit Estragon könne man Schlangenbisse heilen und den Schmerz von Wespenstichen lindern. Estragon wurde zur Zeit der Tudors oft vor den Mahlzeiten gereicht, um den Appetit anzuregen. Als sich Heinrich VIII. von Katharina von Aragon scheiden ließ, soll er ihren rücksichtslosen Estragongenuss als einen Grund angeführt haben.

Kauen Sie Estragonwurzeln, wenn Sie unter Zahnschmerzen leiden.

Wenn Sie der Erschöpfung vorbeugen wollen, legen Sie frische Estragonzweige in Ihre Schuhe.

SANDWICH mit Kräutern

Bestreichen Sie eine Scheibe Brot mit Schmelzkäse, hacken Sie mehrere Zweige Petersilie, Schnittlauch, Majoran, Pimpinelle und Estragon, zwei Blätter Minze und ein Salbeiblatt klein und schichten Sie die Kräuter auf den Käse. Legen Sie zuletzt noch eine Scheibe Brot darauf.

SCHNITTLAUCH

Allium schoenoprasum

Ein königlicher Salat, ein Lied stimme ich an:
Mit Schnittlauch, Thymian und Majoran –
Ein Verbrechen, Petersilie und Minze zu vergessen –
Als Krönung sind Salbei und Lorbeer die Gewählten
(in Suppe oder Eintopf) der Neuvermählten!

Reginald Arkell, Dichter des 20. Jahrhunderts

SCHNITTLAUCH WAR SCHON IM ALTERTUM BELIEBT. Die Chinesen nannten das Kraut „Juwel unter den Gemüsepflanzen" und verwendeten es bereits 3000 Jahre vor Christi Geburt zum Kochen und Heilen. Es gibt Aufzeichnungen, aus denen hervorgeht, dass Schnittlauch vielfach schon in vorchristlicher Zeit in Asien und im Mittelmeerraum bekannt war. Marco Polo war im 13. Jahrhundert auf seinen Reisen in China von der kulinarischen Vielseitigkeit des Krauts beeindruckt und schwärmte für dieses köstliche Mitglied der Zwiebelfamilie.

SCHUTZ & AROMA

Rosen und Schnittlauch ergeben einen Blumenstrauß

Überliefertes englisches Sprichwort

SCHNITTLAUCH GALT ALS SCHÜTZENDE Pflanze. Abergläubische Menschen verteilten ihn im ganzen Haus, um den bösen Blick abzuwenden. In der chinesischen Volksmedizin wurde Schnittlauch als Gegengift verwendet. Eines der ältesten überlieferten Kochrezepte enthält Schnittlauch: Im Jahre 1330 v. Ch. beschrieb der kaiserliche Ernährungskundler Hu Sihui, wie man Fischsalat damit zubereitet. Schnittlauchblätter sind leicht antibiotisch und antiseptisch, deshalb sollen sie dabei helfen, dass fetthaltiges Essen leichter verdaut wird. Schnittlauch, Kerbel, Estragon und Petersilie bilden die klassische Kräutermischung zum Würzen von Omeletts, Soßen, Geflügel und Fisch.

✣ Bereiten Sie einen Schnittlauchaufguss zu. Sie können damit Stachelbeeren und Gurkenpflanzen gegen Mehltau spritzen. ✣

✣ Pflanzen Sie Schnittlauch unter Apfelbäume, damit kein Apfelschorf entsteht. ✣

SCHÜTZENDES Sträußchen

Hängen Sie einen Strauß aus frischen Schnittlauchblüten am Fenster auf. So wird das Unglück fern gehalten.

Der Schnittlauch mit seinen wunderschönen blass-malvenfarbigen Blüten gehört zur Familie der Zwiebeln. Er sieht nicht nur schön aus, sondern ist auch sehr schmackhaft.

MINZE

Mentha

Meiner Dame schöner Stuhl ist ganz bunt bestreut
Mit Primeln, Schlüsselblumen und Veilchen lieblich
Mit Minze, mit Ringelblumen und Majoran.

John Webster und/oder Thomas Heywood, *Appius und Virginia*, Schauspiel aus dem 17. Jahrhundert

HADES, DER GOTT DER UNTERWELT, BESUCHTE NUR SELTEN DIE WELT OBEN. Doch auf einer Reise verliebte er sich in die Nymphe Minthe. Sie war geblendet vom hellen Glanz seines goldenen Triumphwagens, der von vier prachtvollen schwarzen Pferden gezogen wurde. Hades versuchte, Minthe zu verführen, aber seine Frau, Königin Persephone, vereitelte seinen Plan, indem sie Minthe in eine wohlriechende Pflanze verwandelte. So entstand der Sage nach die Minze.

Die Minze wurde mit der altgriechischen Göttin der Zauberei Hekate verbunden und war deshalb bei Hexen sehr begehrt, die sie für ihre Zaubermittel und ihr magisches Gebräu verwendeten. Poleiminze gaben Hexen in ein Getränk, das angeblich bei denjenigen, die es tranken, dazu führte, dass sie schielten. In das angelsächsische grüne Zaubermittel gegen alles Übel kamen mehrere Minzearten. Vielfach glaubte man auch, es würde ewiges Glück bringen, wenn man am Tag des heiligen Johannes, dem 24. Juni, blühende Minze fand. Eine volkstümliche alt-englische Redensart verband die Minze mit irdischerem Reichtum:

Pflanze Minze im Garten,
damit Geld in deine Börse kommt.

Minze, die Geburtstagspflanze des 25. Februar, symbolisierte leidenschaftliche Liebe und stand in der Antike für Weisheit und Tugend. Der Botaniker Nicholas Culpeper beschrieb im 17. Jahrhundert die Minze als ein Kraut unter dem Einfluss der Venus.

HEILUNG

Will jemand alle Eigenschaften der Minze nennen können, muss er wissen, wie viele Fische im Indischen Ozean schwimmen.

Wilafred Strabo, Dichter des 12. Jahrhunderts

Im Altertum pflanzte man Minze wegen ihrer therapeutischen Wirkungen an. Überreste von diesem Kraut fand man in ägyptischen Grabstätten aus dem Jahr 1000 v. Ch. In Kräuterbüchern aus dem 9. und 13. Jahrhundert steht, dass die Minze sehr häufig in Klostergärten angepflanzt wurde, und zur Zeit der Tudors stellte man eine antiseptische Lotion für Kopfwunden daraus her. Mit Honig gemischt träufelte man sie bei Ohrenschmerzen in die Ohren und Frauen, die in den Wehen lagen, wurde sie pulverisiert und mit Wein vermischt gegen die Schmerzen verabreicht.

Der griechische Philosoph Aristoteles empfahl, Minze wegen ihrer starken Wirkung als Aphrodisiakum nur in Maßen einzunehmen, und Soldaten riet man, das Kraut vor einer Schlacht zu meiden, da sonst ihr Mut und ihre Kraft aufgrund einer gesteigerten Männlichkeit nachlasse. In *Tausendundeine Nacht* erzählte Schehezerade dem Sultan die Geschichten von Sindbad und Aladdin. Sie soll sich jeden Tag vor Sonnenaufgang mit Minzetee erfrischt haben.

Aristoteles

Trinken Sie gegen Schluckauf den Saft von vier Granatäpfeln mit zwei bis drei gehackten Zweigen Minze darin.

Pfefferminztee gegen Verstopfung: drei Teelöffel frisch zerstoßene Minze in eine Tasse kochendes Wasser geben und fünf Minuten lang ziehen lassen.

FUSSBAD mit Minze

1 EL frische Minzeblätter
2 Liter kochendes Wasser

Die Minzeblätter 15 Minuten lang in Wasser ziehen lassen, dann filtern. Die Füße 20 Minuten lang darin baden.

Magenmittel

„Man nehme zwei Liter Dünnbier, zwei Hand voll rote Minze, roten Salbei und ein wenig Zimt und koche alles auf die Hälfte ein. Nach Geschmack mit Zucker süßen. Morgens und abends trinken."

Sir Kenelm Digby Bart,
***Der Königin geöffnete Kammer,* 1669**

EIN LIEBLINGSDUFT

Von denen aber, welche die Luft am köstlichsten durchduften, an denen man nicht wie an den übrigen vorübergeht, gibt es drei: Pimpinelle, Thymian und Pfefferminze.

Francis Bacon, *Essay über Gärten*, 1625

Die Minze gehörte zu den Lieblingsdüften der alten Griechen und Römer. Sie flochten Kränze daraus, die sie sich und ihren Gästen bei Festen aufsetzten, stellten Minzesträuße auf den Tisch und streuten sie auf den Boden. Es war Brauch, dass eine Braut einen Minzekranz oder *corona Veneris* als Zeichen des Glücks trug. Die Griechen rieben ihre Arme mit Minze ein, um Kraft zu bekommen, gaben sie in ihr Badewasser und stellten aus den aromatischen Blättern wohlriechendes Toilettenwasser her. Das Landvolk füllte jahrhundertelang Parfümkugeln mit Minzeblättern, weil man glaubte, der süße Duft erfrische einen erschöpften Verstand. In der georgianischen Epoche trugen Männer die getrockneten Blätter zu Pulver zerstoßen in kleinen Silberdosen bei sich und inhalierten bei Bedarf eine Prise dieses Schnupftabaks zur Erfrischung. Dem Volksmund nach half Minze, Insekten abzuwehren. Im Mittelalter nahm man sie gern zum Bestreuen der Böden. Um Fliegen fern zu halten, war sie oft in Metzgereien zu finden. Minze war Hauptbestandteil früher Mundwasser.

DUFTKISSEN für erholsamen Schlaf

„Trockene Rosenblätter lagere man im geschlossenen Glas, damit der Duft erhalten bleibt. Man gebe Minzepulver und Kleepulver (...) zu den Rosenblättern und fülle alles in einen Beutel. Um gut zu schlafen, nehme man dieses Duftkissen mit ins Bett."

Ram's *Kleiner Dodo*, 1606

Essen Sie eine Paste aus Minze und Honig, wenn Sie nach Alkoholgenuss einen frischen Atem haben wollen.

Reiben Sie Minze auf Bienenkörbe, um Bienen anzulocken.

Frische Minze lagern

Minze unter fließendem kalten Wasser waschen, gut schütteln, in ein Glas mit Schraubdeckel legen. Das Glas umdrehen.

KERBEL

Anthriscus cerefolium

Kerbel ist stattlich und schicklich
zur Beeteinfassung in Küchengärten.

John Evelyn, Chronist des 17. Jahrhunderts

KERBEL SOLL EINES DER GEWÜRZE FÜR DAS ÖL GEWESEN SEIN, MIT DEM MOSES DIE GEFÄSSE DES TABERNAKELS SEGNETE. Es gehörte zu den magischen Kräutern, die Hexen für die Zubereitung ihrer Trünke und Salben verwendeten. Die botanische Bezeichnung ist vermutlich von den griechischen Wörtern für „Blätter der Freude“ abgeleitet. In der Blumensprache symbolisiert Kerbel Aufrichtigkeit und nach Aussage früher Botaniker steht er unter dem Einfluss des Jupiters.

SCHUTZ & AROMA

Er ist gut für alte Menschen – er erfreut und erquickt das Herz und gibt ihnen mehr Kraft.

John Gerard, Apotheker des 16. Jahrhunderts

IM MITTELALTER WAR KERBEL EINE WERTvolle Heilpflanze. Als Augenwasser oder Kompresse wurde er bei Augenentzündungen, gegen Falten um die Augen sowie zur Behandlung von Blutgerinnseln verwendet. Frauen, die in den Wehen lagen, wurden darin gebadet. Kerbel wurde häufig Soßen zugefügt, die das Essen zur Fastenzeit appetitlicher machen sollten. Als eines der ersten Kräuter im Frühling reichte man Kerbel als Brühe, um das Blut nach den langen Wintermonaten zu revitalisieren. Kerbel gehört zur klassischen Mischung der *fines herbes* der französischen Küche.

Kauen Sie Kerbel bei Schluckauf.

Drücken Sie über einem Stich gegen den Schmerz den Saft von Kerbelblättern aus.

MITTEL
gegen Falten

Legen Sie auf betroffene Stellen ein in Kerbelblätteraufguss getränktes Tuch.

KAMILLE

Chamaemelum nobile

… große Wege, breit und lang, wie die Tempelhaine
in Thessalien, erhöht mit Steinen und Sand,
mit Sitzgelegenheiten und Abhängen aus Kamille –
all dies entzückt den Geist und macht den Körper gesund.

William Lawson, Schriftsteller des 17. Jahrhunderts

DIE ALTEN ÄGYPTER SCHÄTZTEN DIESES KRAUT SEHR UND WEIHTEN ES IHREN GÖTTERN UND DER SONNE. Die Angelsachsen nannten die Kamille *maythen* und erwähnten sie in der *Lacnunga*, einer frühen angelsächsischen Schrift, als eines ihrer neun heiligen Kräuter. In der deutschen Legende stellten Kamillenblüten die Seelen unglücklicher Soldaten dar, die für ihre Sünden unter einem Fluch starben. Die Kamille wird mit dem heiligen Johannes in Verbindung gebracht und es war Brauch, am Johannistag, dem 24. Juni, einen Kamillenkranz zum Schutz vor Sturm, Blitz und Donner an die Haustür zu hängen. Zur Sommersonnenwende entzündete man an Wegkreuzungen und auf Feldern Freudenfeuer. Die Feuer wurden mit aromatischen Pflanzen, darunter auch Kamille, angeheizt. Man glaubte, ihr Rauch hätte Zauberkräfte, die alles Unglück abwenden könnten. Die Menschen sprangen über das Feuer, trieben den scharfen Rauch in Richtung Feldfrüchte, Obstbäume und Tiere und trugen die Kranken herbei, damit sie die nützlichen Eigenschaften einatmeten.

In vielen europäischen Ländern brachte das Landvolk bei jedem Kirchgang ein *bouquet d'Èglise* mit, ein Sträußchen mit den Blumen der Jahreszeit. Kamille wurde auch bei den Feiern zum Festtag der heiligen Anna (26. Juli) verwendet. In Südwales pflanzte man diese wohlriechende Pflanze traditionell auf Familiengräber. Die Kamille ist die Geburtstagsblume des 17. Dezember. In der Blumensprache steht die Pflanze für Kraft in der Not und zur Zeit der Tudors symbolisierte sie in England Demut und Geduld. Der Botaniker Nicholas Culpeper ordnete die Kamille im 17. Jahrhundert der Sonne zu.

HEILUNG

Die Anthemis [Kamille], eine Blume so klein aber prächtig
Hebt selten ihren Kopf, dennoch ist sie mächtig:
Zwingt das lauernde Fieber zurück …

Abraham Cowley, Schriftsteller des 17. Jahrhunderts

Seit Jahrhunderten schon ist die römische Kamille eine wichtige Heilpflanze in der Volksmedizin. Im alten Ägypten war sie für die Priester, die ihr Leben der Pflege von Kranken im „Haus des Lebens" (das Gebäude neben den meisten großen Tempeln) weihten, eine heilige Heilpflanze. Sie behandelten viele Leiden mit Kamille: Schüttelfrost, Fieber, Erkältungen, die meisten Schmerzen und Frauenkrankheiten.

Die alten Römer glaubten, Kamille sei ein Gegenmittel gegen Bisse von Giftschlangen. Bereits lange Zeit wegen seiner beruhigenden Wirkung eingesetzt, wurde Kamillentee bei Hysterie, Schlafstörungen, Verdauungsstörungen, Depression und Alkoholdelirium verschrieben. Im späten 19. Jahrhundert wurde die Pflanze dann als Chininersatz zur Behandlung von Malaria eingesetzt und man glaubte, es sei vorteilhaft für Schwindsüchtige, in der Nähe von Kamillenbeeten zu sitzen und den Duft der Pflanze einzuatmen. Getrocknete Kamilleblätter wurden geraucht oder bei Asthma und Schlaflosigkeit geschnupft. Als die Pflanze dann nach Nordamerika kam, wurde sie auch als Umschlag auf Wunden gelegt, um Brand zu verhindern.

❀ Gießen Sie einen starken Kamillentee auf und geben Sie ihn bei einer Überanstrengung der Muskeln in Ihr Badewasser. Hilft auch bei Blasenentzündung und Soor. ❀

❀ Spülen Sie mit abgekühltem Kamillentee ein Gerstenkorn am Auge. ❀

❀ Inhalieren Sie bei Heuschnupfen oder einer verstopften Nase den Dampf von heißem Kamillentee über einer Schüssel. ❀

FUNKELNDE Augen

2–3 EL Kamillenblüten
600 ml kochendes Wasser

Übergießen Sie die Blüten mit kochendem Wasser und lassen Sie sie einweichen. Gießen Sie die Flüssigkeit in eine Eiswürfelschale und frieren Sie sie ein. Bei müden Augen streichen Sie mit einem Kamillewürfel sanft um die Augenhöhlen, über Lider und Brauen.

WOHLBEFINDEN

Einen Garten, das Herze zu heilen,
Zur Freude das liebliche Veilchen,
Schlüsselblumen und Kamille,
Den Schmerz zu lindern.

Lied aus der elisabethanischen Epoche

Die Kamille war nicht nur ein beliebtes, duftendes Kraut zum Ausstreuen im Haus und bei Hochzeitsfeiern, sie wurde auch mit Orangenschalen gekocht und zu einem wohlriechenden Waschwasser verarbeitet. Mit Kamille pflegte man die Haare aufzuhellen und sie war die beliebteste Pflanze für Sträuße aus Kräutern. In England ist es beispielsweise seit Jahrhunderten Brauch, bei Krönungen Kräutersträußchen dabei zu haben. Oft wuchs die Pflanze an Abhängen und in erhöhten Beeten alter Kräutergärten, um die Sinne zu erfreuen, doch sie wurde auch in grünen Wegen und Wiesen angepflanzt. Die in England auf dem Land übliche Bezeichnung „Kraut der Demut" bezieht sich auf die Fähigkeit der Pflanze zu gedeihen, obwohl man auf ihr läuft. Es heißt, Sir Francis Drake habe sich bei seinem geliebten Bowls-Spiel in Plymouth auf einem Kamillerasen vergnügt, als 1588 die spanische Armada im Ärmelkanal gesichtet wurde.

Die Kamille war Zutat des Kräuterbiers und wurde im 19. Jahrhundert in einem beliebten Stärkungsmittel mit dem Namen Kamillenbitter verwendet.

❀ Binden Sie ein kleines Sträußchen aus Kamille mit einem Zweig Salbei und schenken Sie es einem älteren Verwandten oder Freund. In der Blumensprache steht diese Zusammenstellung für Weisheit und die gelassene Heiterkeit der Jahre. ❀

❀ Atmen Sie neben einem Kamillenbeet seinen stärkenden Duft ein. ❀

WOHLTUENDE **Hautreinigung**

2–3 EL Kamillenblüten
600 ml Wasser
1 TL Zitronensaft

Lassen Sie die Blüten zehn Minuten lang im Wasser sieden. Filtern Sie die abgekühlte Flüssigkeit, geben Sie den Zitronensaft hinzu und bewahren Sie sie in einem geschlossenen Glas im Kühlschrank auf. Reinigen Sie mit der Lotion vorsichtig Gesicht und Hals.

Die „Flore Pleno" ist mit ihren üppigen, duftenden Blüten eine wunderschöne Kamillenart. Diese uralte Heil- und Schönheitspflanze ist ein Fest für alle Sinne.

FENCHEL

Foeniculum vulgare

Über den niedrigen Pflanzen türmt sich empor
Der Fenchel mit seinem gelben Flor …

Henry Wadsworth Longfellow, *Der Becher des Lebens*, 19. Jahrhundert

In der Sage wird dieses Kraut mit Adonis verbunden, dem schönen griechischen Jüngling, der von Aphrodite geliebt wurde. Als er von einem Eber tödlich verletzt wurde, befahl die trauernde Aphrodite, bei der Totenfeier Fenchel zu verwenden – vermutlich weil die Pflanze schnell wächst und dann plötzlich verwelkt und eingeht und so das Schicksal von Adonis widerspiegelt. Fenchel kommt auch in der Geschichte von Prometheus vor. Als er mit dem Feuer vom Olymp flüchtete, trug er die Glut im hohlen Stiel einer Fenchelpflanze.

Man schätzte Fenchel wegen seiner Heilkräfte. In der Antike glaubte man, er sei äußerst gut für die Augen. Plinius behauptete, er kläre den Blick für die Schönheit der Natur und könne Menschen mit schlechtem Sehvermögen helfen, wieder zu sehen. Griechische Athleten und Krieger meinten, das Kraut verleihe ihnen mehr Ausdauer und Kraft. Und römische Gladiatoren gaben Fenchel als Stimulans in ihr Essen. Bei Wettkämpfen wurden die Sieger mit Fenchelgirlanden geschmückt.

Er machte Männer stark und unerschrocken,

Und Gladiatoren wild und ungebrochen,

Mischten ihn in ihr tägliches Essen;

Und der, der sich siegreich konnte messen,

Hat dann den Fenchelkranz besessen.

Henry Wadsworth Longfellow, *Der Becher des Lebens*, 19. Jahrhundert

Der Fenchel steht in der alten Blumensprache für Verdienste. Es ist die Geburtstagsblume des 5. Dezember und nach dem Botaniker Nicholas Culpeper (17. Jahrhundert) eine Pflanze des Merkurs unter dem Einfluss der Jungfrau.

HEILIGER SCHUTZ

Am Vorabend des Tages von Johannes dem Täufer war eines jeden Tür verdunkelt mit grüner Birke, langem Fenchel ... und dergleichen, ... und auch Lampen aus Glas standen da, in denen die ganze Nacht Öl brannte ..., was ein stattlicher Anblick war.

John Stow, *Übersicht über London*, 1598

Fenchel war dem heiligen Johannes geweiht. An seinem Namenstag, dem 24. Juni, hängte man Fenchelsträuße als Zaubermittel gegen das Eindringen von bösen Geistern über Türen und Fenster. Fenchel gehörte zu den neun heiligen Kräutern, die man im Altertum zum Schutz vor bösen Mächten einsetzte. Fenchelsamen legte man in die Schlüssellöcher von Häusern, in denen es spukte. Weil man glaubte, dass Fenchel die sexuelle Potenz zurückbringen konnte, tat man ihn im Mittelalter in Liebestränke. Fenchel streute man auch Neuvermählten auf den Weg.

Ein magischer Spruch

Wenn man einen Kräutertrank trinkt, sage man diesen alten englischen Spruch auf, damit die Wirkung größer ist:

Thymian und Fenchel,
ein wirklich starkes Paar;
der weise Herr im Himmel
schuf diese beiden Kräuter,
als er am Kreuze hing;
gab sie den sieben Welten,
zu helfen Arm und Reich.

DÄMONEN beschwören

Man verbrenne Fenchel, Koriander, Petersilie, Schierling, den Saft von schwarzem Mohn, Sandelholz und Bilsenkraut. Mit dem Rauch sollten Dämonen gerufen werden können.

Legen Sie Fenchelsamen in Schlüssellöcher – sie halten böse Mächte fern.

Trinken Sie Wein mit Fenchelsamen, um Schwung in Ihr Liebesleben zu bringen.

Für die Sehkraft spüle man die Augen eines Neugeborenen mit Fenchelwasser.

AROMA & DUFT

Ein pikanter Geruch, dem Appetit
Zusagend, erfreute meinen Sinn mehr
Als der Duft von süßestem Fenchel.

John Milton, *Das verlorene Paradies*, 1667–1674

Von dieser wohlriechenden Pflanze wurden alle Teile zum Kochen verwendet. Um das Aroma von Brot zu intensivieren, legte man die fedrigen Blätter unter die Laibe und streute die aromatischen Samen darauf. Wurzeln und Stiele wurden gekocht als Gemüse gegessen und die Blätter und Samen gab man in Salate, Soßen, Fischgerichte und Eingemachtes. Man weiß, dass Kaiser Karl der Große dieses Kraut liebte und den Anbau auf seinen kaiserlichen Gütern vorantrieb. Es ist überliefert, dass Fenchel im 10. Jahrhundert viel in den ländlichen Gebieten Spaniens angepflanzt wurde. Bei den Armen war es allgemein üblich, Fenchel zu essen, um den Appetit zu unterdrücken. Die Puritaner, die sich in der Neuen Welt niederließen, kauten Fenchel- und Dillsamen in der Kirche, um während langer Gottesdienste ihren Hunger zu stillen. Fenchel war auch zum Ausstreuen auf die Fußböden beliebt. Die Blätter dufteten und waren ein wirksames Mittel gegen Flöhe. Als die Portugiesen die Insel Madeira entdeckten, waren sie von dem überwältigenden Duft des wilden Fenchels, der dort wuchs, beeindruckt. Sie nannten die Stelle, an der sie an Land gingen, Funchal, abgeleitet von *funcho*, dem portugiesischen Wort für Fenchel.

SOSSE mit Fenchel

„Man pflücke etwas grünen Fenchel, Minze und Petersilie, wasche alles und koche es weich. Man gieße es ab, zerdrücke es und schneide es klein. Man gebe Butter hinzu und serviere die Soße unverzüglich, denn wenn die Kräuter vor dem Servieren länger stehen, verlieren sie die Farbe. Bei Bedarf kann das Fruchtfleisch grüner Stachelbeeren (durch ein Haarsieb passiert) sowie etwas gesiebter Zucker beigegeben werden.“

Richard Dolby, *Lexikon für den Koch und Leitfaden für die Haushaltung*, 1832

Fenchelsamen in einem luftdichten Behälter können Sie wie Riechsalz benutzen.

Bereiten Sie Fisch auf duftenden Fenchelblättern zu, das intensiviert sein Aroma.

WERMUT

Artemisia absinthium

… bringen diese bei Raserei
Schnell und sehr wirksam wieder Heil;
Bei bitt'rem Wermut, Ringelblume und Salbei;
Ist Mitgefühl mit des Menschen Wohl dabei.

John Fletcher, *Die treue Hirtin*, 1610

Wermut wird mit der griechischen Göttin der Keuschheit, Artemis, in Zusammenhang gebracht. Sie kümmerte sich um Frauen während der Geburt. Die Griechen glaubten, Wein mache weniger betrunken, wenn man Wermut hineingab.

Als die Schlange aus dem Garten Eden vertrieben wurde, ist der Legende nach entlang ihrer Spur Wermut gesprossen. In der Blumensprache steht dieses Kraut für Abwesenheit und Missfallen. Als Geburtstagsblume des 29. April soll Wermut eine Pflanze des Mars' sein.

HEILIGER SCHUTZ

Wo die Kammer gekehrt und Wermut gestreut,
gewiss kein Floh zu verweilen sich traut.

Thomas Tusser, Schriftsteller des 16. Jahrhunderts

Laut Plinius hatten jene ägyptische Priester, die Isis, die Göttin der Magie, verehrten, bei Prozessionen Wermutzweige bei sich. Seit dem Mittelalter hängte das Landvolk Wermut neben Türen auf, um sich gegen böse Geister und Vampire zu schützen. Denjenigen, die unter nächtlichen Heimsuchungen litten, rieb man die Haut mit Wermutsalbe ein. Man glaubte, dass Hexen dieses Kraut in ihre Tränke gaben, weil es Sinnestäuschungen verursachte und ihre Opfer zugänglicher machte. Für den Hausgebrauch war Wermut ein wichtiges Desinfektionsmittel.

❖ Reiben Sie gegen Kahlheit die Kopfhaut morgens und abends mit einem Aufguss aus Wermut und Rosmarin ein. ❖

MITTEL gegen Insekten

Geben Sie zu gleichen Teilen getrockneten Wermut, Lavendel und Minze in Beutelchen und hängen diese auf.

RAUTE

Ruta graveolens

Ein beschwerlich' Los ist dein, schönes Mädchen,
Ein beschwerlich' Los ist dein!
Den Dorn zu ziehen, die Litze zu säumen,
Zu pressen die Raute für Wein!

Sir Walter Scott, *Rokeby*, 1813

Der Name dieser Pflanze stammt von dem lateinischen Wort *ruta* ab. Es bedeutet „Bitterkeit“ oder „Unannehmlichkeit“. Griechisch *reuo* heißt „befreien“ – das Kraut hielt man zur Behandlung von so vielen Leiden für wirksam. Im Englischen übliche Bezeichnungen wie „Kraut der Gnade“ oder „Kraut der Reue“ kommen hingegen von dem Brauch, vor dem katholischen Hochamt Weihwasser mit Rautenzweigen zu versprengen. Die Pflanze wurde somit Synonym für die Gnade, die der Reue folgte.

Die Raute ist für euch, und hier ist welche für mich …

Ihr könnt sie auch Sorgenkraut nennen.

William Shakespeare, *Hamlet*, 1602

Die Raute ist eine der wenigen Pflanzen, die in Wappen auftauchten. 1181 verfügte Kaiser Barbarossa, dass der erste Herzog von Sachsen einen Rautenkranz in sein Wappen aufnehmen könne, und 600 Jahre später wurde der Orden des Rautenkranzes gegründet. Die Pflanze kommt auch in den Insignien des Andreasordens vor. Man vermutet, dass die kleinen abgerundeten Blätter zu der Form der Kreuzfarbe in einem Kartenspiel inspiriert haben. Die Raute ist die Geburtstagspflanze des 18. Januar und steht in der Sprache der Blumen für Fruchtbarkeit auf den Feldern.

HEILIGER SCHUTZ

Erst werden sie den Teufel plagen
mit Weihwasser, Weihrauch, Schwefel, Raute,
was von da an, wie wir annehmen,
als „Kraut der Gnade“ bezeichnet wurde.

Jeremy Taylor, *Ein warnender Rat vor dem Papismus*, 1664

Die Menschen haben die Raute schon immer geschätzt. Man glaubte, sie schütze vor Hexerei, Zaubersprüchen, Flüchen und dem bösen Blick. Gastwirte pflanzten sie an, um sie Reisenden zu ihrem Schutz mitzugeben. In Tirol war es Brauch, Raute, Geißklee, Frauenhaar, Odermennig und Gundelrebe zusammenzubinden. Es hieß, jeder, der ein solches Sträußchen bei sich trug, sei vor Bösem sicher und könne Hexen ausfindig machen. In der gesamten christlichen und islamischen Welt glaubte man, mit Raute könne man den Teufel austreiben. Von jeher ist die Raute auch mit Unglück in Zusammenhang gebracht worden. In alten Zeiten bewarf jemand, der sich gekränkt fühlte, denjenigen, der ihm Unrecht zugefügt hatte, mit einem Rautenstrauß und sagte dabei: „Mögest du diesen Tag bereuen, solange du lebst.“

Die getrockneten Blätter der Raute hielt man für ein wirksames Mittel, um Bakterien abzutöten. Es galt als das wirkungsvollste desinfizierende Kraut zum Ausstreuen. Im Volksmund hieß es, dass die Raute Munition tödlicher mache; Musketenkugeln und Feuersteine tränkte oder kochte man in Rauten- und Eisenkrautwasser, damit sie bei jedem Schuss ihr Ziel trafen.

MITTELALTERLICHES Heilmittel

Um Wahnsinn zu heilen, mische man um Mitternacht gesammelten Tau mit Raute:

„Sprenkele sie den Saft der Raut' mit neun Tropfen vom Mitternachtstau.“

Michael Drayton, Dichter des 16.–17. Jhd.

✿ Um Hexen zu vertreiben, reibe man den Fußboden des Hauses mit Raute ein. ✿

✿ Das Kraut in Blumenkästen gepflanzt wirkt als Schutz gegen Unglück. ✿

HEILUNG

Was schmeckt besser – sind Heilmittel gut –
Für betroffene Stellen, als Raute und Wermut.

Thomas Tusser, Schriftsteller des 16. Jahrhunderts

Die Griechen und Römer schätzten dieses Kraut wegen seiner Heilkräfte. Sie glaubten, Raute sei gut für das Sehvermögen und verleihe sogar hellseherische Fähigkeiten. Sowohl Leonardo da Vinci als auch Michelangelo behaupteten, die metaphysischen Kräfte des Krautes hätten ihre Schaffenskraft gesteigert. Im Mittelalter nahmen Mönche Raute gegen Kopfschmerzen und es wurde eine lindernde Augensalbe daraus hergestellt. Der griechische Arzt Dioskurides pries die Pflanze als gutes Mittel gegen Husten und Entzündungen. Ferner wurde sie bei Magenverstimmungen, Muskelkrämpfen, Nervenleiden und Bluthochdruck verwendet.

Auf dem Lande wusste man die Raute als Heilpflanze zu verwenden, wenn sie morgens gesammelt worden war. Wurde sie jedoch später am Tage gepflückt, galt sie als giftig. Man glaubte, die Raute sei wirksamer, wenn sie unter einem Feigenbaum wuchs, und noch besser, wenn sie aus Nachbars Garten gestohlen war. Bisswunden von tollwütigen Hunden umwickelte man mit den Blättern der Raute und in Wein eingeweicht sollte sie Skorpion-, Bienen- und Wespenstiche und auch Schlangenbisse lindern.

✿ Man hänge sich Raute um den Hals und sage sich dann vom Teufel los, um Schwindelanfälle zu lindern. ✿

✿ In Essig gespülte Raute auf der Stirn verbessert das Gedächtnis. ✿

✿ Man stopfe sich Rautenblätter in die Nase, damit sie zu bluten aufhört. ✿

ALTBEKANNTES
Fiebermittel

Man nehme bei abnehmendem Mond eine Hand voll Löwenzahn, Odermennig, Obstsaft, Raute, pulverisierte Krebsaugen und -scheren, dazu Schafgarbe von einem Grab und lasse alles einige Stunden lang kochen. Im Altertum kurierte man damit Fieber.

BORRETSCH

Borago officinalis

Spricht man von Borretsch, ist so viel klar –
Er wärmt das Herz und bringt Laune wunderbar.

Rat der medizinischen Schule von Salerno, Italien, 11. Jahrhundert

DER URSPRUNG DES NAMENS DIESER PFLANZE IST UMSTRITTEN. Manche meinen, er könne von dem lateinischen Wort *burra* abstammen, was „grobes Tuch" oder „haariges Gewand" bedeutet. In diesem Fall beschreibt er wahrscheinlich die raue, stachelige Struktur der Blätter. Andere behaupten hingegen, der Name sei eine Verfälschung von *corago* – *cor* (Herz) und *ago* (ich bringe) – und verweise auf den Ruf des Borretschs als (herz)stärkendes Mittel. Plinius nannte Borretsch *euphrosynum*, weil es heiter und glücklich mache, und die walisische Bezeichnung wird mit „Kraut der Freude" übersetzt.

Wahrscheinlich wurde der Borretsch von den Römern in ganz Europa verbreitet, da sie es oft verwendeten. Die ersten europäischen Siedler nahmen Borretsch mit nach Nordamerika, wo es laut einer Aufzeichnung von 1631 *burradge* genannt wurde. Seit Jahrhunderten ist diese wunderschöne Pflanze Motiv in Handarbeiten und es heißt, Künstler hätten sich von den kobaltblauen Blüten beim Malen der blauen Kleider der Jungfrau Maria inspirieren lassen. Ludwig XIV. von Frankreich liebte das Kraut so sehr, dass er es in seinen Schlossgärten in Versailles anpflanzen ließ. In der Sprache der Blumen steht Borretsch für Derbheit, Mut und Heiterkeit und frühe Astrologen beschrieben ihn als Pflanze des Jupiters unter dem Einfluss des Löwen.

VORSICHT: Die Anwendung von Borretsch ist vielerorts nur eingeschränkt erlaubt. In Deutschland besteht zwar keine Indikation, Vorsicht ist jedoch bei den oberirdischen Teilen der Pflanze geboten.

SCHUTZ & HEILUNG

Borretsch und Nieswurz: zwei Pflanzen,
Zum Reinigen der Venen im Ganzen
Von Melancholie, und das Herz anzuspornen
Von Schwaden, die es schmerzen wie Dornen.

Robert Burton, *Die Analyse der Melancholie*, 1621

Im Volksmund wurde Borretsch für eine schützende Pflanze gehalten und seit der Zeit der alten Griechen mit Mut in Verbindung gebracht. Dies zeigt der Brauch, Borretsch in den Trunk zu geben, der Rittern beim Aufbruch zu gefährlichen Kreuzzügen gereicht wurde. Auch Wettkämpfer im mittelalterlichen England tranken, bevor sie in Turnieren kämpften, einen Borretschaufguss. In der Volksmedizin wurden alle Teile dieser Pflanze genutzt. Aus den jungen Blättern bereitete man grünen Tee zu, ein Kräuteraufguss, der als aufheiterndes und (herz)stärkendes Mittel wirkte. Er wurde auch zum Schwitzen verschrieben, wenn Fieber gesenkt werden sollte.

In jüngerer Zeit gab man Borretschtee liebeskranken jungen Damen – man glaubte, die Pflanze kuriere zu schnelles Herzklopfen und lindere die Qual unerwiderter Liebe. Im Mittelalter war es Brauch, dass Ammen Suppen tranken, die mit Borretsch gewürzt waren, weil man glaubte, die Pflanze fördere die Milchbildung.

SCHÖNHEITS Bad

„Man nehme ein Kilogramm Gersten- oder Bohnenmehl, dreieinhalb Kilogramm Kleie und einige Hand voll Borretschblätter und koche diese Zutaten in ausreichend viel Quellwasser. Nichts reinigt die Haut so gut wie dieses Bad."

***Die florale Toilette*, 1775**

★ Wenn Sie lange gestanden haben, bereiten Sie einen Aufguss aus Borretschblättern zu, weichen Sie ein Tuch in der abgekühlten, gefilterten Flüssigkeit ein und legen Sie es ausgewrungen auf die Beine. ★

★ Übergießen Sie Borretschblätter mit kochendem Wasser und machen Sie ein Dampfbad. Nach zehn Minuten das Gesicht mit lauwarmem Wasser abspülen, trocken tupfen und eine Feuchtigkeitscreme auftragen. ★

AROMA & DUFT

Am oberen Tischende wurde ein Krug hausgemachte Marmelade mit einem Zweig Borretsch darauf herumgereicht.

Flora Thompson, *Beschreibung eines Abendessens bei der Heuernte*, 1945

BORRETSCH WAR SCHON IMMER EIN NÜTZliches Kraut in der Küche. Die Blätter wurden gehackt in Salate gegeben oder wie Spinat als Gemüse gekocht. Es galt als wertvolles Küchenkraut für Suppen, Eintöpfe und Aufläufe. In der elisabethanischen Epoche kochte man Borretsch traditionell mit Hammelfleisch. Das übliche Mittagessen eines Pflügers im 18. Jahrhundert bestand aus Brot, Käse, Apfelwein und einigen Borretschblättern. Borretschblüten und -blätter schmecken ähnlich wie Gurken. Aus diesem Grund gab man sie gern in Weinbowlen.

Zur Zeit der Tudors und Stuarts war es beliebt, Duftwasser als Geschenke für besondere Tage wie beispielsweise Geburtstage zuzubereiten. Im Jahre 1502 wurde Borretsch im Haushaltsbuch des Grafen von Northumberland als eine der Pflanzen aufgeführt, mit denen man Duftwasser herstellte. Als Nachspeise wurden Borretschblüten kandiert oder mit Zuckersirup überzogen und nach einem Rezept aus dem 16. Jahrhundert war damals mit Borretsch gewürzter Eierpudding beliebt.

★ Pflanzen Sie Borretsch im Garten, um Bienen und Schmetterlinge anzulocken. ★

★ Legen Sie die Blüten vorsichtig in eine Eiswürfelschale und füllen Sie diese mit Wasser. Dekorieren Sie mit den Blüteneiswürfeln Fruchtgetränke und Wein. ★

KANDIERTE **Borretschblüten**

Ziehen Sie vollständige Blüten vorsichtig an der schwarzen Mitte von der Pflanze ab. Waschen Sie sie sorgfältig und trocknen Sie sie auf Papiertüchern. Bestreichen Sie die Blüten mit Eischnee, bestäuben Sie sie mit Zucker, legen Sie sie auf ein mit Wachspapier ausgelegtes, mit Zucker bestreutes Tablett und stellen Sie sie für 24 Stunden an einen warmen, trockenen Ort. Wenn die Blüten trocken sind, bewahren Sie sie in einem luftdichten Behälter zwischen Wachspapier auf und verwenden sie sie als Verzierung für Kuchen und Eis.

DILL

Anethum graveolens

Mit ihrem Eisenkraut und Dill
Bricht der Hexen böser Will'.

Michael Drayton, Dichter des 16. Jahrhunderts

Traditionell glaubte man, Dill habe schützende Kräfte. So setzte man ihn gegen Zaubersprüche und Flüche von Hexen und Zauberern ein. Dieses aromatisch-süße Kraut wurde erstmals in der Heilmittelliste eines ägyptischen Arztes vor etwa 5000 Jahren genannt. Die alten Ägypter behandelten mit Dill Kopfschmerzen und die Römer und Griechen pflanzten ihn nicht nur wegen der therapeutischen Eigenschaften an, sondern auch für die Küche. Sowohl Plinius als auch Dioskurides beschrieben die beruhigende Wirkung des *anethon* (so nannten sie den Dill). Auch in Palästina wurde er angebaut. Man nimmt an, dass der Anis, der in der Bibel erwähnt wird, Dill war.

Weh euch, Schriftgelehrte und Pharisäer, ihr Heuchler,
die ihr verzehntet die Minze, Dill und Kümmel,
lasset dahinten das Schwerste im Gesetz.

Die Bibel, Matthäus 23;23

Die Römer brachten den Dill nach England, wo er oft verwendet wurde. Während des Aufstands von Königin Boudicea in Britannien wurde ein Kräuterladen in Colchester niedergebrannt. Ausgrabungen dort haben verbrannte Dillsamen neben Anis-, Koriander-, Sellerie- und Mohnsamen zutage gebracht. Zur Zeit der Sachsen wuchs Dill in England wild. Der Name stammt von dem angelsächsischen Wort *dylle* und dem altnordischen Wort *dilla*, beide bedeuten „beruhigen". Frühe Botaniker ordneten den Dill der Herrschaft des Merkurs zu.

HEILIGER SCHUTZ

[Man verwende Dill] zur Stärkung des Verstands,
[er] beruhigt den Magen …
und vertreibt Blähungen galant.

Nicholas Culpeper, *Der englische Arzt*, 1653

Zur Zeit der Angelsachsen war Dill Hauptbestandteil einer magischen, heiligen Allheilsalbe. Man verwendete ihn in einem Zaubermittel gegen die „Wasserelfenkrankheit" (vermutlich Windpocken) sowie zur Behandlung der „Elfenkrankheit" (wahrscheinlich Gelbsucht). Zahlreiche begeisterte Beschreibungen der Zauberkraft des Krautes sind in den Tagebüchern des Erzbischofs Alfric von Canterbury aus dem 10. Jahrhundert enthalten. Man glaubte, Dill schütze vor den Zauberformeln und Flüchen von Hexen und Zauberern. Paradoxerweise glaubte man ebenfalls, er sei eines der Kräuter, die Magier in ihren Rezepturen verwendeten.

Dill galt als Aphrodisiakum und wurde dem Wein beigemischt. Von jeher wurden unruhige Kinder mit Dill beruhigt. Frauen rieben ihre Brüste mit Dillsaft ein, damit säugende Babys nach dem Stillen einschliefen. Auch heutzutage ist Dill Hauptbestandteil von Arzneimitteln gegen Bauchschmerzen für leicht reizbare Kleinkinder. Dill wird seit jeher bei Verdauungsstörungen und Magenverstimmungen eingesetzt.

KINDER beruhigen

In einer Tasse kochendem Wasser einen halben Teelöffel Dill fünf Minuten lang einweichen. Dem Kind abgekühlt geben.

Kauen Sie Dillsamen für eine gesunde Verdauung und für frischen Atem.

Man koche einen schützenden Trank aus Dill, Klee, Johanniskraut und Eisenkraut zu gleichen Anteilen. Diesen Aufguss stelle man neben die Tür, damit kein Unglück ins Haus gelangt.

Dilltee hilft bei Schlaflosigkeit.

AROMA & DUFT

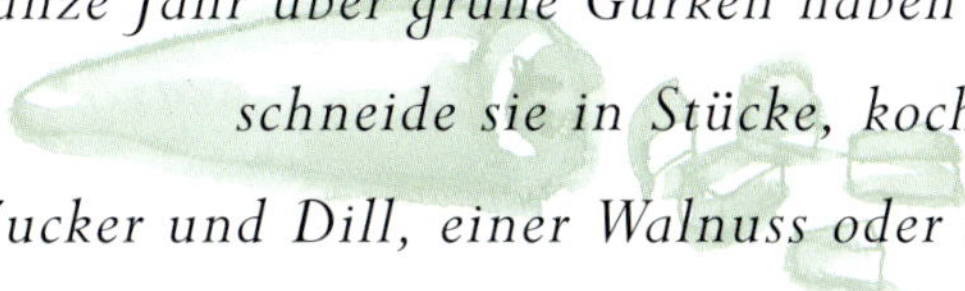

Wer das ganze Jahr über grüne Gurken haben will, schneide sie in Stücke, koche sie in Quellwasser, Zucker und Dill, einer Walnuss oder zwei: dann einsammeln und die Gewürzgurken abkühlen lassen.

Jane Mosley, Hausfrau im 17. Jahrhundert

Dill war im alten Griechenland von unschätzbarem Wert und auch die Römer kannten ihn: Sie pflanzten ihn in ihren Gärten an und würzten die Speisen damit. Im Mittelalter war Dill ein allgemein gebräuchliches und beliebtes Küchenkraut. Alle Teile der Pflanze wurden zum Würzen verwendet. Dill kam in Salate und wurde zum Einmachen von Gemüse für den Winter gebraucht. Die Griechen und Römer verwendeten Dillöl für Parfüm. Neben anderen kosmetischen Präparaten aß man auch Dill, um die Fingernägel zu festigen.

Häufig wurde er wegen der Ähnlichkeit mit Fenchel als „falscher Fenchel" bezeichnet. Die ersten Siedler aus Europa nahmen die kostbaren Dillsamen mit in die Neue Welt. Man weiß, dass John Winthrop das Kraut dort im 17. Jahrhundert anbaute. In jener Zeit war es weit verbreitet, während langer Gottesdienste Dillsamen zu essen. Dabei kam den Andächtigen vermutlich zugute, dass die Samen eine leicht einschläfernde Wirkung haben und nagenden Hunger lindern können.

Würzen Sie Speisen mit geriebenen Dillsamen. Dill ist besonders für salzfreie Ernährung nützlich.

Geben Sie gehackte Dillblätter zu eingelegtem und grünem Gemüse, in Gurkensalat und Fischsoßen.

Festigen Sie Ihre Fingernägel, indem Sie sie regelmäßig zehn Minuten lang in einem Aufguss aus Dillsamen baden.

DILL Essig

2 EL Dillsamen
600 ml Weißweinessig

Füllen Sie die Dillsamen und den Essig in eine Glasflasche, verschließen Sie die Flasche und bewahren Sie sie drei Wochen lang dunkel auf. Filtern Sie dann die Flüssigkeit in eine zweite Flasche. Für Majonäse und Soßen.

LIEBE &

reinigend

tröstend

TOD

berauschend

Bei den meisten Liebestränken und Zaubermitteln des alten Brauchtums waren die **Kräuter** das Wichtigste. Aus einigen **Kräutern** stellte man duftende Sträußchen her und Liebende schenkten diese dann der Dame oder dem Herrn ihres Herzens. Man trug **Kräuter** bei Hochzeiten und steckte sie in Brautsträuße. Bestimmte **Kräuter** verband man jedoch auch mit dem Tod und dem Sterben. Sie fehlten bei keiner Trauerfeier, schmückten Särge, Leichenzüge, Gräber und Schreine am Wegrand. In vielen Kulturen nahm man Kräuteröle auch zum Einbalsamieren.

ROSMARIN

Rosmarinus officinalis

Rosmarin, dass wir gedenken
Zu jeder Tageszeit,
Mag dein Weg wohl niemals lenken
Dein Antlitz von mir weit.

Überliefertes englisches Gedicht

Die Römer schmückten ihre Hausgötter mit Rosmarin und reinigten Wolle im Rauch von brennenden Rosmarinzweigen. Im antiken Griechenland flochten Gelehrte ihn in ihr Haar und rieben sich mit dem Öl die Stirn ein, um ihr Gedächtnis zu stärken.

Auch frühe arabische Ärzte schätzten das Kraut. Sie glaubten, es könne verlorene Lebenskraft, das Gedächtnis und die Sprache zurückbringen.

Der Legende nach ist der Name der Pflanze mit der Jungfrau Maria verbunden. Man glaubte, Rosmarinblüten seien ursprünglich weiß gewesen, aber Maria habe nach der Geburt von Jesus auf ihrer Flucht nach Ägypten bei einer Rast ihren blauen Umhang über einen Rosmarinstrauch geworfen. Als sie ihn herunternahm, seien die weißen Blüten ihr zu Ehren so wunderschön blau geworden. Es heißt, der Strauch werde nur so groß wie Jesus Christus und nach 33 Jahren, dem Alter, in dem Christus gekreuzigt wurde, höre er entweder auf zu wachsen oder gehe ein. In dem Glauben, Rosmarin gedeihe nur bei den Tugendhaften, galt er als ein Symbol für die Geburt Christi. Er soll eines der beiden Kräuter gewesen sein, die Adam und Eva bei ihrer Vertreibung aus dem Garten Eden mitnahmen, und Gott gab dem Rosmarin besondere Heilkräfte, um der Menschheit zu helfen.

Der Name Rosmarin stammt von dem lateinischen *Rosmarinus* („Meertau“) ab, da das Kraut in Küstenregionen gedeiht. In der Sprache der Blumen bedeutet Rosmarin „deine Anwesenheit gibt mir neue Kraft“ und im Altertum stand er für das Gedenken. Rosmarin ist die Geburtstagsblume des 17. Januar und laut Astrologen eine Pflanze der Sonne.

LIEBE & TOD

Pflanze ihn für beides an, ganz gleich für welchen Tag,
Sei es für meine Hochzeit, oder wenn ich geh ins Grab.

Robert Herrick, Dichter des 17. Jahrhunderts

Rosmarin wird seit langem sowohl mit Hochzeiten als auch mit Bestattungen in Verbindung gebracht. Es war Brauch, dass der Bräutigam Rosmarinzweige in Duftwasser eintauchte und dass Brautjungfern bei einer Hochzeitsfeier Rosmarin trugen. Die Braut trug einen Rosmarinkranz und hatte Zweige des Krauts in ihrem Brautstrauß. Wenn Stecklinge des Rosmarins aus dem Strauß in den Garten des Brautpaares gepflanzt wurden und wurzelten, wurde die Frau zur Herrin im Haus. Von jeher wurde Rosmarin auch für Prophezeiungen in Liebesangelegenheiten verwendet. Wenn ein Mädchen eine Silbermünze und einen Rosmarinzweig unter sein Kissen legte, würde es von seinem künftigen Geliebten träumen. Rosmarin stand für aufrichtiges Gedenken und wurde bei Trauerfeiern verwendet. Man verteilte Zweige der Pflanze an die Trauernden, die diese dann auf den geschlossenen Sarg warfen. In einigen Ländern legte man dem Toten das Kraut in die Hände.

⁂ Stellt man am Vorabend des Johannistags eine Schüssel mit Mehl unter einen Rosmarinstrauch, so sind am Morgen die Initialen des Zukünftigen im Mehl zu erkennen. ⁂

⁂ Schenken Sie Hochzeitsgästen vergoldete, mit einem Goldband zusammengebundene Rosmarinzweige. ⁂

VON LIEBE träumen

1 TL Wein
1 TL Rum
1 TL Essig
1 TL Wasser
1 Rosmarinzweig

Mischen Sie die Flüssigkeiten in einer Glasflasche. Tauchen Sie den Rosmarinzweig ein und stecken Sie ihn sich am 21. Juli an die Brust, damit Sie von einem künftigen Geliebten träumen.

HEILUNG & WOHLBEFINDEN

… Rosmarin, von dessen Blüten berichtet wird, dass sie noch 150 Kilometer vor der Küste Spaniens auf See zu riechen sind.

John Evelyn, Chronist des 17. Jahrhunderts

ROSMARIN GALT EINST ALS PFLANZE, DIE ALLE Leiden heilen konnte. Es wurde Stärkungstee daraus gemacht, der den ganzen Körper beleben sollte, und die Blätter gab man in Wein, um das Herz zu stärken. Auch zur Linderung von Husten und Erkältungen wurde er eingesetzt. Wegen seiner antiseptischen Eigenschaften verbrannte man Rosmarin oft in Krankenzimmern und er kam auch in Rezepten zum Schutz vor der Pest vor. Bei einer Seuche trug man frischen Rosmarin in Beuteln um den Hals und inhalierte seinen Duft ständig. Noch in der viktorianischen Zeit tat man das Kraut wegen seiner schützenden Wirkung in die hohlen Griffe von Spazierstöcken.

Im 13. Jahrhundert setzte sich Königin Elisabeth von Ungarn für die Herstellung eines Toilettenwassers ein, das aus Rosmarinblüten und Weißwein destilliert wurde.

Die Franzosen glaubten, Rosmarinblüten könnten verlorene Energie zurückbringen und in einem alten italienischen Rezept wird aus den Blüten von Rosmarin, Raute, Salbei, Majoran, Fenchel und Quitten ein Trank zubereitet, der die Jugend erhalten soll. Auf dem Land war es Sitte, die Wäsche zum Trocknen auf Rosmarinsträucher zu legen, sodass das feuchte Tuch den Duft absorbierte.

⁂ Man zerstoße Rosmarinblüten und binde sie an den rechten Arm, damit man sich sorglos und heiter fühlt. ⁂

⁂ Waschen Sie Ihr Gesicht mit dem Absud von Rosmarin und Weißwein, um Ihr jugendliches Aussehen zu bewahren. ⁂

⁂ Massieren Sie gegen Kahlheit die Kopfhaut mit Rosmarinöl. ⁂

MITTEL GEGEN **Kopfschmerzen**

6 Tropfen Rosmarinöl
600 ml kaltes Wasser

Rühren Sie das Öl ins Wasser und weichen Sie einige Minuten lang ein dünnes Tuch in der Schüssel ein. Wringen Sie das Tuch aus und legen Sie sich diese kalte Kompresse auf die Stirn. Lehnen Sie sich zurück und entspannen Sie für eine Minute. Nehmen Sie dann das Tuch herunter und entspannen Sie erneut für eine Minute, während das Tuch wieder einweicht. Den Vorgang mehrmals wiederholen.

AROMA & DUFT

Einige Scheiben Brot und hausgemachtes Schweineschmalz, mit Rosmarin gewürzt ... „gingen gut runter“, wie sie immer sagten.

Flora Thompson, *Beschreibung eines Abendessens bei der Heuernte*, 1945

ROSMARIN IST SCHON IMMER EIN BELIEBTES KÜCHENKRAUT GEWESEN. FLEISCH, FISCH UND Gemüse bekamen durch den aromatischen Duft Geschmack. Die Blüten gab man in Salate, sie wurden in Wein und Essig haltbar gemacht oder in Zuckersirup kandiert. Rosmarin wurde auch beim Bierbrauen verwendet – sein strenger Geruch sollte die Süße des Malzes ausgleichen. Die Waliser glaubten, dass Kochlöffel aus Rosmarinholz das Essen nahrhafter machten. Es war Brauch, von Rosmarinlöffeln zu trinken, in dem Glauben, dies schütze vor Gift. Das Hauptgericht beim Weihnachtsfest war oft ein mit Rosmarin garnierter Schweinskopfbraten, der feierlich zum Esstisch getragen wurde. Im elisabethanischen England schenkte man traditionell Gästen am Neujahrstag Zweige, die nach Rosmarin dufteten, sowie eine mit Nelken garnierte Orange.

ROSMARIN-scones

225 g Mehl
50 g Butter
25 g extrafeiner Zucker
1 EL feingehackte Rosmarinblätter
1 geschlagenes Ei
etwas Milch

Die Butter in das Mehl reiben und dann Zucker und Rosmarin einrühren. Ei und Milch hinzugeben und verrühren, bis der Teig glatt ist. Leicht kneten und auf einem bemehlten Brett zwei Zentimeter dick ausrollen. Dann Kreise aus dem Teig ausschneiden und auf ein Backblech legen. Mit Milch bestreichen und zehn bis 20 Minuten bei 220 °C backen. Scones aufschneiden, mit Butter bestreichen und heiß genießen!

❋ Pressen Sie Rosmarinzweige zwischen Buchseiten, damit der Duft das Papier parfümiert. ❋

❋ Ein Rosmarinzweig gibt Wein einen außergewöhnlichen Geschmack. ❋

Schlafe gut!

„Legt man die Blätter [des Rosmarins] unter sein Bett, so wird man von allen bösen Träumen befreit sein.“

Banke's *Kräuterbuch*, 1525

MAJORAN

Origanum

In den Regalen lagen früher Bündel von Majoran
und Poleiminze und Lavendel und Minze und Katzenminze …
die duftenden Echos so vieler toter Blüten
verweilen noch in jenen düsteren Nischen.

Oliver Wendell Holmes, *Ein Lied über vergangene Zeiten*, 19. Jahrhundert

Sowohl der Gartenmajoran als auch der Wilde Majoran wuchsen anfänglich am Mittelmeer. Sie sind miteinander verwandt, da es beides Origanum-Arten sind. Den zarten Duft des Gartenmajorans beschrieb der Apotheker John Gerard im 16. Jahrhundert als „wunderbar süß". Aphrodite (die griechische Venus) soll ihn als Zeichen des Glücks geschaffen haben. Der Mythologie zufolge ist er in ihrem Garten an den Hängen des Berges Olymp üppig gewachsen. Virgil beschrieb, wie Venus mit seinen Heilkräften Aeneas heilte, als dieser im trojanischen Krieg verwundet wurde.

Wilden Majoran kennt man eher als Oregano. Der Name ist von den griechischen Wörtern *oros* und *ganos* abgeleitet, was „Freude des Berges" bedeutet. Früher wurde er „Glückskraut" genannt. Der Diptam, die Origanum-Art, die auf Kreta wächst, war in der Mythologie dem Mond geweiht, also der Göttin Diana. Der Legende nach soll ein junger Mann namens Amaracus, der im Dienst des Königs Cinyras von Zypern stand, mit einem Behälter kostbaren Parfüms gestolpert sein und diesen fallen gelassen haben. Seine Angst vor der Wut des Königs war so groß, dass er ohnmächtig wurde. Die Götter erbarmten sich aber und verwandelten ihn in eine wohlriechende Pflanze, die seinen Name bekam – *Amaracus dictamnus*.

Im alten Ägypten war der Majoran dem Gott Osiris geweiht. Majoran ist die Geburtstagsblume des 1. Juni, steht für Schamröte und wird als Pflanze des Merkurs im Zeichen des Widders beschrieben.

LIEBE & TOD

Mit Zaunrose, Bandgras und Majoranbündel,
Und, was jedes Mädchen wählt, Lavendel,
Auch Stabwurz, alle vertraut zu nennen,
Und alle Gärten im Dorf gewiss kennen.

John Clare, *Der Kalender des Schäfers*, 1827

Die Griechen und Römer schmückten junge Geliebte mit Majoran und webten das Kraut in den Kopfschmuck, den Brautpaare bei der Hochzeit trugen. Majoran – oft in Liebestränken und Liebessalben verwendet – soll auf zögerliche Geliebte besänftigend gewirkt haben. Die römische Göttin Juno war die Beschützerin aller Frauen, insbesondere jedoch der verheirateten Frauen. Als Lucina war sie für das Wohlergehen von Müttern und Babys während der Geburt verantwortlich. Lucina wurde häufig mit einem Kranz aus kretischem Diptam dargestellt.
Paradoxerweise verband man Majoran aber auch mit dem Tod, legte es auf Grabsteine und pflanzte es auf Gräbern, um verstorbenen Seelen Frieden zu geben. Wenn das Kraut gedieh, war das ein Zeichen dafür, dass es dem Toten gut ging. Hexen sollen Majoran gehasst haben, weil das Kraut vor ihren Flüchen schützte und die Kraft besaß, Geister und Kobolde zu vertreiben.

Nähen Sie ein herzförmiges Duftkissen, füllen Sie es mit getrocknetem Majoran und lassen Sie das Papier, auf dem Sie Ihrem Schatz schreiben, den Duft annehmen.

Wirft man Majoran über die Türschwelle des Hauses, so hält dies den Teufel fern.

LIEBESKISSEN mit Majoran

Zerstoßen Sie vorsichtig etwas Majoran, Waldmeister, Odermennig und Stabwurz. Geben Sie zwei Tropfen Majoranöl hinzu. Schneiden Sie zwei gleich große Stoffstücke aus, auf die Sie ihre Wange betten können. Nähen Sie die Teile zusammen, geben Sie die Kräuter hinein und legen Sie Ihren Kopf auf das Kissen, um gut zu schlafen und von der Liebe zu träumen.

HEILUNG & WOHLBEFINDEN

Binde in dein Antlitz die Blüten des wohlriechenden Majoran.

Katull, Dichter des 1. Jahrhunderts v. Chr.

Im Altertum liebte man den Duft von Majoran. Man gab ihn zur Entspannung ins Badewasser und massierte das Öl in Stirn und Haar ein. Im Mittelalter war Majoran ein beliebtes Kraut zum Ausstreuen auf die Böden. Seine antiseptische Wirkung wurde bei Seuchen geschätzt. Da man Sträuße, Duftkissen, Parfümkugeln und parfümiertes Waschwasser daraus herstellte, bestand ständig Bedarf. Getrockneten Majoran hängte man in Beuteln zwischen die Wäsche, um Motten und andere Insekten fern zu halten. Mit jungen Blättern und dem Saft des Majorans wurden Möbel eingerieben, damit sie dufteten und glänzten.

Die Angelsachsen machten mit Majoran einen Verband gegen Kopfschmerzen und glaubten, dass mit dem Kraut Husten zu lindern sei. In Heilmittelgärten wurde Majoran für Kräuterarzneien angepflanzt. Mit Honig gemischt trug man es auf Prellungen auf und man extrahierte ein aromatisches Öl zur Behandlung von steifen Gelenken und schmerzenden Muskeln. Majoransaft sollte Zahnschmerzen lindern und eine in Wein gekochte Mischung aus Majoran, Salbei und Rosmarin strich man als Paste auf schwarze Zähne. Aus Majoranblüten stellte man einen starken, heißen Aufguss zum Inhalieren her. Und die getrockneten Blätter schnupfte man bei einer verstopften Nase.

Majoran war im 16. Jahrhundert auch eine beliebte Salatpflanze. Bis zum 18. Jahrhundert wurde er eines der bekanntesten Gewürzkräuter, die man für Fleisch verwendete. Bei stürmischer Witterung legte man Majoran neben Eimer mit frischer Milch, damit sie nicht gerann. Zur Zeit der Tudors und Stuarts wurden diese aromatischen Kräuter in die Blumengärten gepflanzt, um Bienen und Schmetterlinge anzuziehen.

DUFTENDER Zucker

Bei diesem alten Rezept mischt man die gehackten Knospen und Blüten des Wilden Majorans in einem Topf Zucker und stellt diesen 24 Stunden lang in die Sonne. Kuchen und Desserts bekommen damit ein einzigartiges Aroma.

Gurgeln Sie mit einem Aufguss aus Majoranblättern, um Halsschmerzen zu lindern.

Fügen Sie einfachen Scones frischen, feingehackten Majoran hinzu und reichen Sie sie zu Aufläufen und Eintöpfen.

PETERSILIE

Petroselinum crispum

Gib auf die Stängel der Petersilie hohl,
Hohl, hohl …

Jean Inglelow, *Hochwasser an der Küste von Lincolnshire*, 1863

LAUT GRIECHISCHER MYTHOLOGIE SOLL PETERSILIE DEM BLUT DES SÄUGLINGS ARCHEMORUS ENTSPRUNGEN SEIN. Sein Name bedeutet „Vorgänge im Tod“. Der Sage nach wurde das Kind von seiner Kinderfrau auf dem Boden schlafen gelegt und dann von einer Schlange getötet. Herkules wählte Petersilie für das erste Blumengewinde, das er trug. Es war Brauch, dass der Sieger der isthmischen Spiele mit getrockneter und verwelkter Petersilie geschmückt wurde, während der Sieger der nemëischen Kampfspiele frische Petersilie erhielt.

Das Kraut wurde von jeher in der Volksmedizin verwendet. Es ist erstmals in einem frühen griechischen Kräuterbuch aus dem 3. Jahrhundert v. Chr. erwähnt. Die Römer dachten, Petersilie könne eine Fehlgeburt verursachen. Dieser Glaube erklärt vielleicht den späteren Brauch, dreimal täglich große Mengen Petersilie zu essen, um eine ungewollte Schwangerschaft zu beenden.

Petersilie ist seit langem ein beliebtes Küchenkraut. Kaiser Karl der Große ließ Käse mit Petersiliensamen würzen und Heinrich VIII. ließ sich Petersilie als Beilage zu Fleisch- und Fischgerichten schmecken.

Der Name ist von *petros*, dem griechischen Wort für „Fels“, und *selinum* („Petersilie“) abgeleitet. Dioskurides, ein griechischer Arzt, der zur Zeit Neros lebte, soll sie so benannt haben. Petersilie ist die Geburtstagsblume des 30. Oktober. In der Sprache der Blumen repräsentiert sie Festlichkeit, Schwelgen und nützliches Wissen und sie steht unter dem Einfluss des Merkurs.

LIEBE & TOD

Im Palast von Sparta zwanzig Maiden jung und schön,
Stolz der Griechen, deren Köpfe ein frisches Gewinde krönt,
Das Hyazinthen und verschlungene Petersilie dekorieren,
Freudig Menelaos' Hochzeitsfest verzieren.

Theokrit, Dichter des 3. Jahrhunderts v. Chr.

Die Griechen verbanden Petersilie mit fröhlichen Begebenheiten und verwendeten die Blätter oft bei Hochzeitsfeiern in den Gewinden von Brautjungfern. Bei griechischen Festen wurde der Gott der Festessen mit Petersilie gekrönt und Gäste trugen Kränze und Kronen aus dem Kraut, um den Appetit anzuregen. Sie glaubten, es sei der Ruhe und dem Frieden förderlich und helfe, eine ruhig-heitere Atmosphäre zu schaffen.

Paradoxerweise symbolisierte dieses Kraut aber auch den Tod. Man assoziierte es mit Persephone, der Herrin des Totenreichs, und die ersten Christen weihten die Petersilie Sankt Peter, der als Führer der Seelen der Toten galt. Die Griechen nannten sie das Kraut der Vergesslichkeit. Sie schmückten Grabmale, Leichname und Gräber damit. Bei Bestattungsspielen wurden die Sieger mit Petersilienkränzen dekoriert.

Das Kraut wurde zum Synonym für den Tod. Es erlangte eine so unheilvolle Bedeutung, dass Soldaten in allgemeine Panik ausbrachen, wenn sie in die Schlacht zogen und auf einen mit Petersilie beladenen Maultiertross trafen. Sie nahmen an, das Zusammentreffen sage ihren eigenen Tod voraus. Der englische Begriff für „walisische Petersilie" stand für Hanfseil. Wenn jemandem „walisische Petersilie" angedroht wurde, sollte er gehängt werden.

Für Fruchtbarkeit und Zeugungskraft esse man jeden Tag Petersiliensamen.

Stecken Sie Petersilie in den Bestattungskranz für einen geliebten Menschen.

KÖNIGIN PERSEPHONES
Petersilie

Mischen Sie feingehackte Petersilie und Knoblauch oder Schalotten. Geben Sie die Mischung kurz vor dem Servieren zu Fleisch- und Gemüsegerichten, um den Geschmack und die Farbe zu verbessern.

EIGENARTIGER GESCHMACK

Ich kenne ein Mädchen, das verheiratete sich an einem Nachmittag, als es in den Garten ging und Petersilie pflückte, um ein Kaninchen zu füllen: Warum denn nicht auch Ihr, Herr?

William Shakespeare, *Der Widerspenstigen Zähmung*, 1595–1596

WEIL DIESES KRAUT SO NAHRHAFT WAR, AßEN RÖMISCHE GLADIATOREN ES VOR EINEM Wettstreit, um noch kräftiger und geschickter zu sein. Homer erzählt von Kriegern, die ihre Pferde damit fütterten, um sie ausdauernder zu machen. Auch Schafhirten schätzten das Kraut und fütterten zweimal wöchentlich ihren Schafen Petersilie. Sie glaubten, dies gebe dem Fleisch einen besonderen Geschmack und schütze außerdem vor Fußfäule. Petersilie ist seit jeher eine beliebte Salatpflanze und kommt in einem Salatrezept aus einem der ältesten Kochbücher Englands aus dem Jahre 1390 vor. Im Mittelalter war Petersilie eine wichtige Zutat in Soßen, denn mit ihrer Intensität ließ sich der Geschmack von altem, ranzigem oder salzigem Essen überdecken.

In Israel ist Petersilie ein Symbol für den Frühling und die Erlösung des Menschen. Zum Passah-Fest gibt es ein Gericht mit Petersilie. Beim japanischen „Fest der sieben Kräuter“ (am Morgen des 7. Januar) essen strenggläubige Japaner Reisbrühe, mit sieben Kräutern gewürzt, wovon eines Petersilie ist.

Reichen Sie Petersilie als Vorspeise, um die Magensäfte zu stimulieren.

Kauen Sie Petersiliensamen gegen die Auswirkungen von Alkoholgenuss.

PASTETE mit Petersilie

„Man koche ein Sieb voll frische Petersilie in Milch ab, würze sie mit Salz, Pfeffer und Muskat, gebe einen Teelöffel Brühe hinzu und gieße alles in einer Pastetenform über die Fleischpastete. Nach dem Backen 100 Milliliter abgekochte Sahne darüber gießen.“

Anne Cobbett, *Die englische Haushälterin*, 1851

SELTSAME BRÄUCHE

Gebratene Petersilie treibt einen Mann in den Sattel und eine Frau in ihr Grab.

Überliefertes englisches Sprichwort

ES GIBT VIELE SELTSAME ABERGLAUBEN UND SPRICHWÖRTER IM Zusammenhang mit Petersilie. Manche Menschen glaubten, nur Hexen könnten sie mit Erfolg anpflanzen, und um eine gute Ernte zu sichern, müssten die Samen an einem Karfreitag oder von einer Schwangeren gesät werden. Petersilie keimt bekanntlich langsam. So glaubte man, der Samen müsse sieben bis neun Mal zum Teufel und zurück gehen, bevor er spross. Dem Volksmund nach gedieh Petersilie nur dort, wo die Frau tonangebend war. Man nahm an, es bringe Unglück, Petersilie umzupflanzen und zu verschenken, und jemand, der den Namen von einem anderen nannte, während er Petersilie pflückte, verdammte diesen zu Krankheit und Tod. In England erzählte man Kindern und leichtgläubigen Menschen, sie seien „im Petersilienbeet ihrer Mutter geboren".

Diesem Kraut wurden auch einige Zauberkräfte zugeschrieben. So glaubte man, dass Petersilie die Struktur von Glas schwäche und das Glas springen würde, wenn man es mit Petersilienwasser reinigte und dann leicht berührte. Von Petersilie zu träumen, hielt man für ein Zeichen von Unglück in der Liebe. Im Traum Petersilie zu essen, kündigte dagegen Gutes an.

Hüte dich: Eine Frau, die Petersilie sät und nicht die Hausherrin ist, wird schwanger werden.

Damit Petersilie wirksamer ist, wenn sie in einem Kräuterheilmittel verwendet wird, pflücke man sie bei Gewitter.

PETERSILIE zum Garnieren

1 großer Bund krause Petersilie
Öl zum Braten

Die Petersilie gründlich waschen und trocknen. Erhitzen Sie das Öl. Geben Sie jeweils einige Zweige in die Pfanne und lassen Sie die Petersilie etwa drei Minuten lang braten. Nehmen Sie die Zweige heraus, wenn sie knusprig, brüchig und leuchtend grün sind, und lassen Sie sie abtropfen. Servieren Sie die gebratene Petersilie sofort als Beilage zu gebratenen Fischfilets.

KORIANDER

Coriandrum sativum

Die Israeliten nannten diese Speise Manna.
Es war wie Koriandersamen und weiß
und schmeckte wie Honigkuchen.

Die Bibel, Exodus 16;31

KORIANDER WURDE SCHON VOR ÜBER 3000 JAHREN ANGEBAUT UND IN DEN MEISTEN KULTUREN DER ANTIKE VERWENDET. Man fand Samen des Koriander in ägyptischen Grabstätten der 21. Dynastie (1085–945 v. Chr.) und er war eine der Arzneipflanzen, die man auf den babylonischen Tafeln des 8. Jahrhunderts entzifferte. Der Name ist von dem griechischen Wort *koris* („Bettwanze") abgeleitet. In der Blumensprache steht er für geheime Verdienste. Er ist die Geburtstagsblume des 12. Dezember und steht unter dem Einfluss des Saturns.

LIEBE & TOD

Koriander, du süße Duftkugel

John Skelton, 15.–16. Jahrhundert

❀ Man gebe ganze Koriandersamen in Wein oder zerstoßene in heißen Kaffee, um Leidenschaft zu entfachen. ❀

DER HASCHISCHVERKÄUFER IN DEN *ARABISCHEN NÄCHTEN* benutzte Koriander für seine Lieblings-Liebesrezeptur. In einem alten europäischen Kräuterbuch wurde behauptet, Koriander wecke die Liebe, aber nur, wenn er bei abnehmendem Mond gesammelt wird. Eine Frau, die schwanger werden wollte, sollte sich elf oder 13 Koriandersamen an ihre linke Hüfte binden. Er wurde auch gegen Wehenschmerzen verordnet. Schwangere aßen Koriander in dem Glauben, dass dadurch ihr Kind geistreich würde. Die alten Ägypter legten Koriander in Grabstätten, um die Seelen der Toten zu beschützen, und die Chinesen glaubten früher, das Kraut verleihe Unsterblichkeit.

INDISCHES Currypulver

25 g Koriandersamen
25 g Ingwer
25 g Kardamomsamen
8 g Cayennepfeffer
75 g Gelbwurzel

Zerstoßen Sie alle Zutaten zu Pulver und mischen Sie sie. Lagern Sie sie trocken. Gemüse und Fleisch für Currygerichte damit würzen.

LAVENDEL

Lavandula officinalis

Der Duft [von Lavendel], versteckt im Grün,
Strömte wieder in meine leere Seele,
Ich dachte daran, wie lang liegt's zurück,
Dass ich frei war von Schuld und noch voller Glück.

Alfred Lord Tennyson, *Die Ballade von Dunoon*, 19. Jahrhundert

LAVENDEL WURDE SCHON VON DEN ALTEN ÄGYPTERN IN DEN HEILIGEN GÄRTEN VON THEBEN ANGEPFLANZT, DENN SIE SCHÄTZTEN DAS KRAUT SEHR. Man stellte daraus einen lindernden und heilenden Balsam her, der Teil des Mumifizierungsritus war, sowie ein Duftwasser für die Lebenden und für die Toten. Parfümurnen wurden in Grabstätten mit eingeschlossen, damit sie dort ihren Duft verströmten. Als das Grab von Tut-ench-Amun freigelegt wurde, roch es immer noch stark nach Lavendel – nach 3000 Jahren!

Im antiken Griechenland wurden Jungfrauen, die den Göttern geopfert wurden, mit Lavendelblüten geschmückt, und Dirnen benutzten Lavendelessenz gegen Mundgeruch. Schon immer wurde dieses besondere Kraut als Gewürz für eine Vielzahl von herzhaften und süßen Gerichten geschätzt. Lavendel wurde so beliebt, dass die Felder mit den lila-blauen Blüten in ganz Europa zu sehen waren. So genannte „Lavendelweiber“ zogen damit während der Erntezeit durch belebte Straßen, um das duftende Kraut zu verkaufen. Die Pflanze war zur Zeit der Tudors und in der elisabethanischen Zeit zum Einfassen von Blumenbeeten beliebt. Es wurde sogar Mode, statt grünem Gras Lavendelrasen zu kultivieren. Moira Castle in Irland war im 17. Jahrhundert für seinen riesigen Lavendelrasen bekannt.

Lavendel ist die Geburtstagsblume des 9. Januar, steht für Beständigkeit und symbolisierte in der Antike die Stille.

LIEBE

Lavendel gehört zu treuen Liebenden

Aus einem englischen Gedicht

ALS ZEICHEN IHRER ZUNEIGUNG SCHENKTEN sich Liebende oft etwas aus Lavendel. Charles I. freite um Nell Gwyn mit Säckchen voller getrocknetem Lavendel. Sie waren mit einem goldenen Band zugebunden.

Die Hochzeitskleidung wurde gewöhnlich mit Lavendel parfümiert und eine irische Braut trug als Glücksbringer oft ein Strumpfband aus grünem Lavendel. Ferner gab es den weit verbreiteten Glauben, dass ein junges Mädchen, das keusch bleiben wollte, einige Lavendelblüten trocknen und sich auf den Kopf streuen sollte.

LIEBESPLÄTZCHEN aus Lavendel

100 g Butter
50 g extrafeiner Zucker
75 g Mehl
2 TL Lavendelknospen

Butter und Zucker cremig schlagen. Das gesiebte Mehl und die Lavendelknospen hinzugeben, einige Knospen für später zurücklegen. Alles zu einem glatten Teig kneten und diesen auf einem mit Mehl bestäubten Brett ausrollen. Herzformen ausstechen und die restlichen Knospen darauf streuen. Auf einem gefetteten Blech bei 160 °C backen, bis die Herzen fest und goldgelb sind. Auf einem Rost auskühlen lassen.

♥ Mit einem Beutelchen getrocknetem Lavendel an der nackten Haut lockt man einen Geliebten an. ♥

♥ Versteckt man in der Zeit, in der man von seinem Geliebten getrennt ist, Lavendelzweige in Büchern, erkennt man nach einer Weile anhand der Farbe und des Duftes, wie stark seine Gefühle sind. ♥

Leidenschaftliches Potpourri

Man sprühe die ätherischen Öle von Lavendel, Rosen und Patschuli auf eine Mischung aus Lavendelblüten, Rosenblütenblättern, Eisenkrautblättern und Veilchenwurzel. Wird dieses Potpourri neben die Schlafzimmertür gestellt und jedes Mal, wenn man ins Zimmer geht, mit dem linken Ringfinger umgerührt, so gedeiht dort die Liebe.

WOHLBEFINDEN

Die Legende sagt, dass Maria Jesu Windeln in Lavendelwasser wusch. Vielleicht wurde das Kraut deshalb seit jeher gern zum Waschen benutzt. Die Griechen und Römern gaben Lavendel in ihr Badewasser. Man verwendete ihn für Duftseife, lindernden Balsam und wohltuende Tinkturen. In der elisabethanischen Zeit war es üblich, Seife mit Lavendel zu versetzen, damit die Kleidung und Wäsche frisch duftete. Der heiligen Hildegard, einer benediktinischen Äbtissin, die im 12. Jahrhundert in ihrem Garten Lavendel anpflanzte, wird die Erfindung des Lavendelwassers zugeschrieben.

Römische Frauen steckten Lavendelblüten in Bettpfosten, um Bettwanzen fern zu halten, und massierten zum Schutz vor Läusen Lavendelöl in die Kopfhaut ein. Während vieler Jahrhunderte verstreute man Lavendel im Haus, damit keine Insekten eindrangen. Stofffetzen wurden in Lavendelöl getränkt, in einen dünnen Baumwollbeutel gesteckt und in den Zimmern aufgehängt, damit keine Fliegen hereinkamen. Lavendel wurde destilliert und auf die Staubtücher gegeben, damit Möbel dufteten und glänzten. Im Mittelalter hängte man Sträuße im Haus auf, um unangenehme Gerüche und den strengen Gestank von de Straße zu überdecken. Der englische Ausdruck „to lay in lavender" (wörtlich „in Lavendel legen") wird umgangssprachlich für verpfänden verwendet, da verpfändete Kleidung oft mit Lavendel bestreut wurde, damit sie gut roch.

Samtkleid und erlesen' Fell
Sollt' man legen in Lavendel,
Da der Duft treibt bald hinfort
Graue Motten von dem Ort.

Constance Isherwood,
***Ein Strauß duftenden Lavendels*, 1900**

♥ Entspannen Sie Geist und Körper zur Schlafenszeit, indem Sie Lavendelkissen aufs Bett legen und Lavendelsträuße im Zimmer aufhängen. Wenn Sie sich besonders angespannt und nervös fühlen, lassen Sie eine Stunde vor dem Schlafengehen etwas Lavendelöl verdampfen. ♥

♥ Trinken Sie abends einen Tee aus Lavendelblüten, um schläfrig zu werden. ♥

♥ Stecken Sie ein duftendes Lavendelkissen aus getrockneten Lavendelblüten und Rosmarinblättern, gehackter Veilchenwurzel und Rosenöl in die Handtasche. Damit können Sie sich unterwegs erfrischen. ♥

Schlafmittel

„Derjenige, der nicht schlafen kann, tränke dieses Kraut [Lavendel] in Wasser und bade zur Schlafenszeit seine Füße bis zu den Knöcheln darin. Binde er es an die Schläfen, so wird er von Gottes Gnaden gut ruhen."

Antony Ascham, *Das kleine Kräuterbuch*, 1525

HEILUNG

Tante Jobiska sagte: Trink Lavendelwasser in zartem Pink!
Hat doch die Welt nichts Bess'res gesehen
Als dies für eines Pobbels Zehen!

Edward Lear, *Der Pobbel ohne Zehen*, 1871

In der Volksmedizin wird Lavendel schon lange eingesetzt, insbesondere gegen den Schmerz in steifen Gelenken und gegen Müdigkeit. Er war auch ein beliebtes Mittel gegen Kopfschmerzen. Von Elisabeth I., die an Migräne litt, weiß man, dass sie jeden Tag zehn Tassen Lavendeltee trank, um den Schmerz zu lindern. Mit Lavendel wurde bei Zahnweh gegurgelt und im 19. Jahrhundert verließ keine ehrbare Dame ihr Haus ohne ein Fläschchen Lavendelwasser in der Handtasche, um sich bei einem plötzlichen Anfall von Unwohlsein behelfen zu können.

Das Kraut stand ferner in dem Ruf, die Pest abzuwehren. Es wird berichtet, dass sich die Handschuhmacher von Grasse, die mit Lavendel ihr Leder parfümierten, während einer Seuche erstaunlich guter Gesundheit erfreuten und sich nicht ansteckten. Damit begann wahrscheinlich der Brauch, in Zeiten der Pest Lavendel bei sich zu tragen. Die starke antiseptische Wirkung von Lavendelöl nutzte man schon immer bei Hautbeschwerden und im ersten Weltkrieg wurden damit Wunden desinfiziert.

♥ Massieren Sie steife, schmerzende Gelenke mit dem ätherischen Öl des Lavendels ein. ♥

♥ Sprenkeln Sie sich Lavendelwasser auf die Haut. Es wird die Insekten fern halten. ♥

SCHLAFHAUBE mit Lavendel

„Lavendelblüten, in eine Haube eingenäht, sind für all jene Leiden des Kopfes gut, die durch Kälte verursacht wurden, und zudem sind sie sehr wohltuend für das Gehirn."

William Turners *Neues Kräuterbuch*, 1551

BASILIKUM

Ocimum basilicum

Auch Kräuter kannte sie, konnt' von allen Gutes sagen,
Die im Garten den silberfarbenen Tau tranken …
Büscheliges Basilikum, wilder Thymian,
Melisse und Ringelblumen in frohen Farben ranken.

William Shenstone, *Die Lehrerin*, 1742

Der Legende nach soll nach Jesu Auferstehung Basilikum um sein Grab gewachsen sein. In Griechenland glaubte man jedoch, dass die Kaiserin Helena Basilikum auf Golgatha, dem Ort der Kreuzigung, fand und es mit nach Griechenland nahm. In einigen griechisch-orthodoxen Kirchen werden heute noch mit Basilikum Weihwasser zubereitet und Altäre mit dem Kraut geschmückt. Griechische Männer befestigten Zweige des hellgrünen Krautes an ihren Hutbändern, wenn sie am Stavros-Tag (14. September) zur Kirche gingen.

In Indien ist Basilikum von jeher als eine heilige Pflanze verehrt worden. Man kannte es als das heilige Kraut *tulasi*. Es war den Göttern Vishnu, Krishna und Siva geweiht. Basilikum wurde so hoch verehrt, dass man vor Gericht offiziell Eide darauf schwor. Den Hindus soll es Glück gebracht haben, ihr Haus dort zu bauen, wo zuvor Basilikum gediehen war. Doch denjenigen, die das Kraut willkürlich aus der Erde rissen, drohte großes Unglück. In der russischen Mythologie assoziierte man Basilikum mit einem Jüngling namens Vasili, der durch seine außergewöhnliche Schönheit berühmt wurde. Auf Kreta galt die Pflanze hingegen als ein schlechtes Omen. Basilikum ist die Geburtstagspflanze des 12. Juli. Im Altertum symbolisierte es Armut, wahrscheinlich weil Armut oft als eine Frau in Lumpen dargestellt wurde, die neben einem Basilikumstrauch saß. Astrologen bestimmten, dass das Basilikum ein Kraut des Mars' ist und unter dem Einfluss des Skorpions steht.

LIEBE & TOD

Madonna, wozu schicktest du mir
Basilikum und Reseda?
Für Liebe und Wohl – zwei Dinge, die
Nie im selben Kranz sein können.

Percy Bysshe Shelley, Dichter des 19. Jahrhunderts

♣ Ein Topf Basilikum auf dem Fensterbrett soll zeigen, dass man den Besuch des Geliebten erwartet. ♣

♣ Pflegen Sie einen Basilikumstrauch, so werden Sie stets umworben. ♣

FÜR DIE RÖMER WAR BASILIKUM EIN KRAUT der Fruchtbarkeit und sie glaubten, es gedeihe nur, wenn ein wunderschönes junges Mädchen es pflegte. Im hinduistischen Glauben wurde die Pflanze mit dem stattlichen Gott Krishna in Verbindung gebracht und deshalb mit der Liebe assoziiert. Im England der Tudors war es üblich, kleine Basilikumtöpfe als Zeichen der Liebe zu verschenken, und in Griechenland überreichte man Gästen einen Zweig Basilikum, um sie willkommen zu heißen. Die herzförmigen Basilikumblätter waren auch in Italien Zeichen für die Liebe. Man glaubte, dass ein Mädchen, welches von einem Bewerber einen Zweig annahm, sich in ihn verlieben würde. Ein Mann, der von einer Frau einen frischen Basilikumsprössling annahm, würde diese Frau ewig lieben.

In Indien glaubte man, es bringe Unglück, wenn jemand im Haus starb. Also wurde ein im Sterben liegender Hindu nach draußen gebracht und unter einen Basilikumstrauch gelegt. Den Leichnam beerdigte man mit einem Basilikumzweig auf der Brust, denn man hielt das Kraut für eine Art „Eintrittskarte“ zum Paradies.

MITTEL GEGEN Geburtsschmerzen

Dieser alte Rat soll für eine schmerzfreie Entbindung sorgen:

„... hält eine Frau, die in den Wehen liegt, eine Basilikumwurzel und die Feder einer Schwalbe in der Hand, so wird sie ohne Schmerz entbinden.“

HEILUNG

Das feine Basilikum begehrt, sein Los möge sein,
Wie Levkojen zu wachsen in Töpfen fein,
Damit Damen und Herren, denen du wirst nutzen,
Ihm helfen, wenn nötig, schwaches Leben zu schützen.

Thomas Tusser, Dichter des 16. Jahrhunderts

Basilikum ist in der Volksmedizin seit jeher verwendet worden. Die Griechen und Römer kauten Basilikumblätter als Beruhigungsmittel und gaben es in Tränke für die Verdauung. Man schätzte darüber hinaus sowohl die schleimlösende als auch die abführende Wirkung. Im Europa des 16. Jahrhunderts behandelte man Schnupfen mit einem Basilikumaufguss. Bei entzündeten Schleimhäuten und bei Migräne wurde es auch geschnupft. Einige Mediziner meinten, Basilikum sei stimmungshebend und mache den Kopf frei.

Die Japaner behandelten mit Basilikum die Symptome einer gewöhnlichen Erkältung und in Indien nahm man den Absud von Basilikum gegen lästigen Husten ein. Manchmal wurden die Blätter als Betelersatz gekaut. Frühe Botaniker glaubten, man könne mit Basilikum das Gift aus Skorpionstichen herausziehen, und so benutzte man das Kraut als Hausmittel für Bisse und Insektenstiche. Einige Ärzte zögerten jedoch, Basilikum zu verschreiben, und der Botaniker Nicholas Culpeper vermerkte im 17. Jahrhundert, dass das Kraut „entweder geliebt oder gehasst wird, es gibt nichts dazwischen“.

♣ Trinken Sie einen kalten Basilikumaufguss gegen Übelkeit beim Auto fahren. ♣

♣ Reiben Sie zur Abwehr von Mücken den Saft eines Basilikumblatts in die Haut. ♣

♣ Geben Sie einige Tropfen ätherisches Basilikumöl in Ihr Badewasser, sie wirken erfrischend und belebend. ♣

♣ Trinken Sie abends einen heißen Aufguss aus Basilikumblättern, um keine Erkältung zu bekommen. ♣

MUSKEL
Tonikum

Basilikumblätter
Grobes Meersalz
Olivenöl

Die Zutaten in einen Behälter geben und diesen verschließen. Nach einigen Wochen das Öl abfiltern.

AROMA & DUFT

Basilikum soll zuerst genannt sein,
Dessen Duft so angenehm und fein.

Michael Drayton, Dichter des 16. Jahrhunderts

Duftendes Basilikum wurde schon in den römischen Gärten zur Zeit der Cäsaren angepflanzt. Erst viel später brachten es die Gewürzhändler nach Westeuropa und die ersten europäischen Siedler dann nach Nordamerika und Australien. Es kommt bereits im 14. Jahrhundert in einem französischen Rezept für eingelegte Gewürzgurken vor und wird in einer englischen Schrift aus dem 15. Jahrhundert als ein Kraut erwähnt, das sich „für eine dicke Gemüsesuppe" eignet. Auch im 17. Jahrhundert war Basilikum ein beliebtes Gewürz und kam damals in London in die berühmten Fetter Lane-Würstchen.

Im 19. Jahrhundert fügte Francatelli, der Koch von Königin Viktoria, Basilikum einer von ihm erfundenen besonderen Würzmischung hinzu.

Im Mittelalter frischte man mit Basilikum Räume auf und streute es auf die Fußböden. Es war in Duftkissen, Parfümkugeln und gemischten Sträußen aus Blumen und Kräutern zu finden. Außerdem stellte man daraus Duftwasser zum Baden her.

HIMMLISCHES Pesto

115 g Parmesan oder Pecorino-Käse, gewürfelt
115 g Pinienkerne
25 g frische Basilikumblätter
2 Knoblauchzehen
75 ml Olivenöl

Alle festen Zutaten hacken und mit dem Öl verrühren. Salzen Sie nach Bedarf.

♣ Um eine gute Basilikumernte sicherzustellen, verwünsche man die Samen beim Aussäen. ♣

♣ Frieren Sie frischgehacktes Basilikum auf Vorrat in Eiswürfelschalen ein. ♣

Ein Liebesbecher

„Frische Basilikumblätter in einer Flasche mit Sherry bedecken und zehn Tage lang einweichen. Dann filtern, weitere Blätter hinzugeben und noch einmal zehn Tage lang einweichen. Abgießen und abfüllen."

Anne Cobbett, *Die englische Haushälterin*, 1857

THYMIAN

Thymus vulgaris

Denn er malte die wichtigen Dinge,
Die Farben, an denen wir alle vorbeigehen,
Wie die kleinen blauen Duftringe,
Die vom wilden Thymian gen Himmel wehen.

Alfred Noyes, *Der elfische Künstler*, 20. Jahrhundert

DER LEGENDE NACH WAR THYMIAN EINES DER DUFTENDEN KRÄUTER, DIE DAS BETT DER JUNGFRAU MARIA BEDECKTEN. Deswegen nannte man es im Englischen wahrscheinlich auch „Mutterkraut“. Es wurde überliefert, dass Thymian aus den Tränen der Helena von Troja entstanden war, doch man verwendete das Kraut bereits lange vor dem trojanischen Krieg. Es gehörte zu den Kräutern, die man im alten Griechenland und Rom rituell auf den Altären für die Götter als Weihrauch verbrannte. Die Gattungsbezeichnung Thymus stammt von dem griechischen Wort *thumos* ab, was „Mut“ bedeutet, und das Kraut wurde tatsächlich im Volksmund vieler Kulturen mit Mut in Verbindung gebracht. Römische Soldaten badeten in Thymian-Wasser, um in der Schlacht mutiger und stärker zu sein, und auch bei den Griechen symbolisierte Thymian Tapferkeit. Im Mittelalter gab eine Dame ihrem Ritter einen Thymianzweig, bevor er auf einen Kreuzzug ging. Ein weiteres beliebtes Abschiedsgeschenk war ein Schal, der für treues Gedenken mit einem Thymianzweig bestickt war. Die Damen aus dem Hause Lancaster schenkten ihren Rittern Bandschleifen, auf denen eine Biene über das Kraut gestickt war.

In Südfrankreich symbolisierte Thymian vor der französischen Revolution die Kritik am herrschenden Regime. Einen Zweig Thymian zu erhalten bedeutete, dass man zu einem geheimen Treffen berufen wurde.

Einst dem Mars und der Venus geweiht, ist der Thymian die Geburtstagspflanze des 9. Juni. In der Blumensprache steht er für spontane Gefühle oder Handlungen.

LIEBE, TOD & MAGIE

Und er hielt einen Korb in seiner linken Hand,
Duftende Kräuter, die der suchende Blick leicht fand:
Wilder Thymian und Lilien, noch weißer
Als Ledas Liebster …

John Keats, *Endymion*, 1818

Dem Volksmund nach sollte eine junge Frau, die einen Thymianzweig in den einen Schuh und einen Rosmarinzweig in den anderen legte, am Vorabend von Sankt Agnes eine Vision von ihrem künftigen Ehemann haben. Thymian wurde auch gern in den Strauß für einen Geliebten gebunden.

Von jeher wird das Kraut jedoch auch mit dem Tod assoziiert. In Wales glaubte man, Thymian gewähre den Seelen der Toten Schutz, insbesondere denjenigen, die gewaltsam zu Tode kamen. Es sind viele Beschreibungen von Orten überliefert, an denen ein Mord verübt worden war und es nach Thymian roch. Die alten Ägypter gaben Thymian in die Flüssigkeit, mit der sie die Toten einbalsamierten. Die Angelsachsen fügten ihn ihrem „Zaubermittel mit neun Kräutern" hinzu und ein englisches Rezept aus dem frühen 17. Jahrhundert für eine magische Salbe enthält ebenfalls Thymian. Diese Salbe wurde verwendet, wenn man Feen sehen wollte. Man glaubte, dass Feen und Elfen wilden Thymian besonders gern mochten.

❖ Geben Sie Acht: Dem Volksmund nach bleibt jemand, der als Kleinkind als Erster in einem Kräutergarten frisch gepflanzten Thymian berührt, sein ganzes Leben lang unverheiratet. ❖

❖ Thymian im Haus zu haben soll Unglück bringen. Ein Mitglied der Familie könnte sterben oder krank werden. ❖

UNGLAUBLICHE Geschichten

Am Ende einer Geschichte über Liebe, Tod oder Magie sage man dieses alte englische Sprichwort auf:

Meine Geschichte ist aus,
So ging ich zum Garten hinaus,
Für etwas frischen Thymian;
Und nun erzähl du,
du jetzt bist dran!

HEILUNG & WOHLBEFINDEN

Der Sommeranfang, der Himmel,
Das leuchtende Moor –
Die träge Biene wie eh und je
Über dem Thymian summen hören.

Matthew Arnold, *Der Kirchhof von Howarth*, 1855

IN DER VOLKSMEDIZIN WURDE DER THYMIAN vielfach angewendet. Die Römer tranken ihn als Tee gegen Schwermut. Auch in einer Rezeptur aus dem 1. Jahrhundert, die die Verdauung fördern sollte, kam er vor. Zerquetschte Thymianblätter nahm man als Gegenmittel bei Bienenstichen. Die Griechen und Römer räucherten Zimmer mit Thymian aus, um Flöhe und andere Insekten zu vertreiben.

Im elisabethanischen England glaubte man, ein Aufguss aus Thymian und Gundelrebe lindere Entzündungen von Gebärmutter und Brust und helfe, die Nachgeburt auszustoßen. Der Botaniker Nicholas Culpeper empfahl im 17. Jahrhundert das Kraut als sicheres Mittel gegen Alpträume. Thymian sollte Husten, Erkältungen und Verstimmungen von Darm und Blase beheben. Im frühen 18. Jahrhundert glaubte man in England, mit Thymian-Bier-Suppe könne Schüchternheit überwunden werden. Kräuterkundige verschrieben Thymianblüten zur Wundheilung und bei Gicht und glaubten, starker Thymianabsud rege den Haarwuchs an und verhindere Schuppenbildung.

❖ Legen Sie einen Thymianzweig unter Ihr Kissen, damit Sie angenehm träumen. ❖

❖ Geben Sie gegen Rheumaschmerzen ätherisches Thymianöl in Ihr Badewasser. ❖

❖ Lassen Sie drei Hand voll Thymian in 250 Milliliter Weinbrand quellen und benutzen Sie die Flüssigkeit als wirksames – und sehr angenehmes – Mundwasser. ❖

ANTISEPTISCH inhalieren

1 Liter kochendes Wasser
4 Tropfen ätherisches Thymianöl

Geben Sie das Öl in eine Schüssel mit kochendem Wasser, legen Sie ein Handtuch über den Kopf und atmen Sie die befreienden Dämpfe etwa zehn Minuten lang tief ein. Anschließend eine halbe Stunde lang an einem warmen Ort ausruhen.

AROMA & DUFT

... zerzauster Thymian, duftend wie das Paradies am Morgen ...

Rudyard Kipling, Schriftsteller des 19. und 20. Jahrhunderts

Thymian ist schon lange als Zutat in der Küche beliebt und wurde im Altertum wegen seiner kulinarischen Eigenschaften in den Gärten Assyriens und Babylons angepflanzt. Die Griechen und Römer würzten mit Thymian Käse und Liköre und liebten Honig, der nach Thymian duftete. Der Honig der Bienen auf dem Berg Hymettos in Griechenland und auf dem Berg Ibla auf Sizilien war besonders berühmt. In England wurden Imker im 17. Jahrhundert angewiesen, Thymian neben Bienenstöcke zu pflanzen, um Bienen anzulocken. In der Antike ließ man Schafe und Ziegen an wildem Thymian weiden, weil man glaubte, dies wirke sich günstig auf die Milch der Tiere und den Geschmack ihres Fleisches aus.

Als Hecke pflanzte man Thymian auch gern in europäischen Kräutergärten, setzte ihn aber auch als Begrenzung von Blumengärten. Aus bodendeckenden Varianten legte man Wege vor Sitzgelegenheiten in Gärten an, sodass das Aroma des Krauts freigesetzt wurde, wenn man darüber ging. Thymian wächst immer noch üppig in den berühmten Gärten von Sissinghurst Castle in England. Im alten Griechenland galt es als Kompliment zu sagen, dass jemand nach Thymian duftete. Deshalb benutzten die Griechen nach dem Bad Thymianöl für die tägliche Massage.

DUFTENDES Thymianöl

8 Thymianzweige
2 Knoblauchzehen
8 schwarze Pfefferkörner
8 Wacholderbeeren
700 ml Olivenöl (kaltgepresst)

Geben Sie alle Zutaten in eine Glasflasche, verschließen Sie diese und schütteln Sie sie gut. Stellen Sie die Flasche vor Gebrauch drei Wochen lang an einen sonnigen Platz und schütteln Sie sie häufig.

❖ Pflanzen Sie Thymian neben Lavendel, damit beide Pflanzen gedeihen. ❖

❖ Getrockneter Thymian ist ein gut riechendes Mittel gegen Motten. ❖

BERGAMOTTE

Monarda didyma

[Bergamotte] sollte wegen der Blätter reichlich in Gärten angepflanzt werden, damit man einen äußerst gefälligen und belebenden Tee zubereiten kann.

William Hanbury, Rektor im 18. Jahrhundert

Diese wohlriechende Pflanze wurde von den ersten Siedlern in Nordamerika entdeckt. Man benannte sie nach dem spanischen Botaniker Dr. Nicholas Monardes, der im 16. Jahrhundert ein Buch über die Flora Amerikas schrieb. Zu Zeiten, als sich die amerikanischen Kolonisten in Boston in Jahre 1773 gegen die Einfuhrzölle des britischen Parlaments auflehnten, indem sie den Inhalt von Teekisten in den Hafen schütteten, bereitete man mit wilder Bergamotte Freiheitstee zu. Im 19. Jahrhundert war Bergamotttee auch in England beliebt.

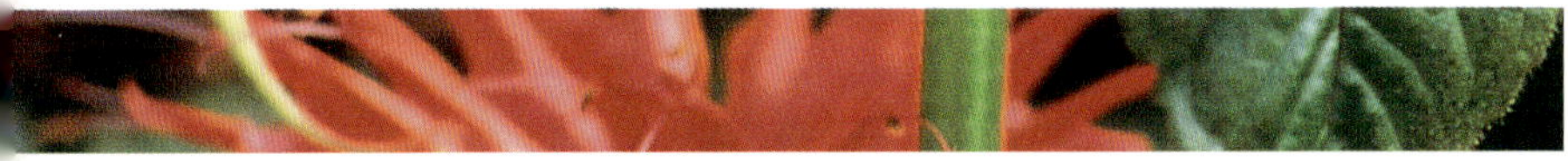

LIEBE & WOHLBEFINDEN

Kein Wort hier – ganz leise,
Umwehen dich auf sanfte Weise
Bergamott und Thymian
Stets mit ihrer Würze dann.

Walter de la Mare, Dichter des 19. und 20. Jahrhunderts

Im englischen Brauchtum war die Bergamotte als Fruchtbarkeitspflanze bekannt. Noch im 19. Jahrhundert gehörte sie zu jeder Mitgift, weil man hoffte, dies wirke sich günstig auf die junge künftige Mutter aus. Daneben wurde das Kraut für kosmetische Produkte verwendet. Neben Zitrusölen und Lavendel war es Bestandteil des Eau de Cologne. Napoleon, der den Duft dieses Toilettenwassers über alle Maßen liebte, goss es sich bei seiner täglichen Toilette nach dem Waschen über den Hals – selbst auf Feldzügen.

❊ Für ein entspannendes Bad drei Esslöffel frische Bergamottblätter zehn Minuten lang in heißem Wasser einweichen, die Flüssigkeit filtern und ins Badewasser gießen. ❊

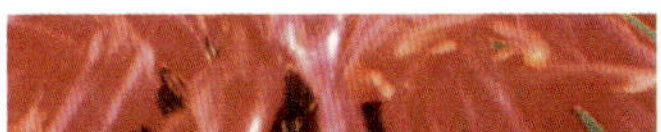

POTPOURRI für Liebende

1 Tasse getrocknete Bergamottblüten und -blätter
3 Tassen getrocknete Rosenblütenblätter
1 EL Veilchenwurzelpulver

Alle Zutaten in einem hübschen Behälter neben das Bett stellen.

Der Citrus bergamia ist ein kleiner Pomeranzenbaum. Er wuchs im Gebiet rings um die norditalienische Stadt Bergamo, nach der die Bergamotte benannt ist.

SALBEI

Salvia

Noch grau der Lavendel, der gesunde Salbei,
Die Rosen überwiegen im schönen Mai …

Edmund Spenser, *Das Schicksal des Schmetterlings*, 16. Jahrhundert

In der Antike wurden der Pflanzenfamilie Salvia enorme magische Kräfte zugesprochen. Die Griechen glaubten, Salbei könne einen Mann unsterblich machen, und die Ägypter verehrten ihn als Lebensretter. Die Römer schätzten das Kraut so sehr, dass die Ernte mit besonderen Ritualen erfolgte. Salbei durfte nur von barfüßigen Sammlern, die in weiße Tuniken gekleidet waren, mit speziellen Geräten aus Bronze und Silber abgeschnitten werden. Vor der Ernte opferte man den Göttern feierlich Speisen und Wein. Auf Kreta war es Brauch, Salbei am ersten oder zweiten Tag im Mai vor Sonnenaufgang zu sammeln. Im Mittelalter glaubte man, die Pflanze sei von der Jungfrau Maria gesegnet, weshalb man sie dann auch *Officinalis Christi* nannte. Der Name Salvia ist von dem lateinischen Wort *salvare* abgeleitet, was „retten" bedeutet. Weil dem Kraut lebensrettende Kräfte zugeschrieben wurden, nannte man es manchmal auch *Salvia salvatrix* („Salbei, der Retter").

Man ging davon aus, dass der Zustand einer Salbeipflanze die geschäftlichen Erfolge des Hausherren widerspiegele. Eine gedeihende Pflanze bedeutete ein blühendes Geschäft. Bei einer verwelkten Pflanze hingegen vermutete man wirtschaftliche Probleme. Im Altertum priesen Ärzte die heilenden Wirkungen des Salbeis auf Körper und Geist. Salbei ist die Geburtstagsblume des 19. Januar. Er symbolisiert Wertschätzung und in der Blumensprache steht er für häusliche Reinheit. Der Botaniker Nicholas Culpeper ordnet den Salbei dem Jupiter zu.

LIEBE & TOD

Wenn der Salbeibusch wächst und gedeiht,
ist der Hausherr kein Hausherr und weiß darüber Bescheid.

Überliefertes englisches Sprichwort

Es ist überliefert, dass Salbei nur in den Gärten von Weisen gedeihe und dort, wo die Frau den Haushalt beherrschte. Wenn eine junge Frau um Mitternacht am Vorabend von Allerheiligen (Halloween, 31. Oktober) in den Garten ging und beim Glockenschlag neun Salbeiblätter pflückte, ohne einen Zweig zu zerbrechen, würde sie das Gesicht ihres künftigen Gatten sehen – oder einen Sarg, wenn sie dazu bestimmt war, nicht zu heiraten.

Sowohl die Römer als auch die Ägypter hielten Salbei für ein wirkungsvolles Fruchtbarkeitsmittel. Kinderlosen Paaren wurde geraten, vier Tage lang keusch zu leben und täglich Salbeisaft zu trinken – wenn der Verkehr dann wieder vollzogen wurde, war eine Empfängnis nahezu sicher!

Laut Volksmund soll der Salbei auch Kummer gelindert haben. Man pflanzte ihn zur Erinnerung an die Toten auf Gräber. Der Chronist Samuel Pepys beschrieb im 17. Jahrhundert „einen kleinen Friedhof, auf dessen Gräbern für gewöhnlich Salbei gesät wurde“.

Hängen Sie Salbeizweige ins Fenster, wenn ein geliebter Mensch verreist. Bleiben sie frisch, ist der Abwesende wohlauf.

Ungeöffnete Salbeiblüten abschneiden, damit kein Unglück geschieht!

Etwas Salbei hilft dabei, die bösen Geister der Alpträume auszutreiben.

EIN Ratschlag

Nicholas Culpeper riet Frauen, bei denen eine Schwangerschaft ausblieb, folgendes einnehmen:

„...den Saft des Salbeis mit Salz, vier Tage bevor sie zu ihrem Ehemann gehen. Das wird ihnen helfen zu empfangen.“

HEILUNG & WOHLBEFINDEN

Raute ist nichts verglichen mit Salbei,
Salbei rettete die Menschen.

Alphonse Karr, Schriftsteller des 19. Jahrhunderts

Eine alte arabische Redensart lautet: „Warum sollte ein Mann sterben, der Salbei in seinem Garten hat?“ Und ein altes englisches Sprichwort empfiehlt, im Mai Salbei zu essen, dann würde man lange leben. Die Menschen glaubten, Salbei verschaffe ein besseres Gedächtnis, und tranken Salbeitee zur Stärkung von Geist und Körper.

Die alten Römer stellten Salbeiwein gegen verschiedene Leiden her. Salbeisamen wurden in Wasser zerdrückt und als Umschlag auf Schwellungen gelegt. Im Mittelalter verschrieb man Salbei bei Erkältungen, Fieber und Cholera. Der Botaniker Nicholas Culpeper bemerkte im 17. Jahrhundert, dass „der Saft von Salbei, mit Essig getrunken, in Zeiten der Pest recht nützlich gewesen ist“.

Nicholas Culpeper

Salbei gehörte zu jenen Kräutern, die man dem Essig zufügte, mit dem man sich bei Seuchen gegen Ansteckung immun zu machen versuchte. Vom 17. Jahrhundert an wurde Salbei für die Zahnhygiene verwendet. Mit den Blättern rieb man Zähne und Zahnfleisch ein.

Gegen Fieber esse man an sieben aufeinander folgenden Tagen vor dem Frühstück sieben Salbeiblätter.

Durch einen Aufguss aus Salbeispitzen und Chinatee erhält grau werdendes Haar seine natürliche Haarfarbe zurück.

Iss Salbei im Mai, dann lebst du lange!

SALBEI-salbe

„Bei Juckreiz: Man nehme ein Pfund ungesalzene Butter, drei gute Hand voll roten Salbei und so viel Schwefelpulver wie eine Walnuss, koche alles zusammen und seihe dies ab. Dann gebe man noch eine halbe Unze zerstoßenen Ingwer hinzu.“

Jane Mosley, *Heilmittel aus Derbyshire*, 17.–18. Jahrhundert

AROMA & DUFT

Da vorn wächst Salbei, er verdient mit seinem schönen Duft
Für immer grün zu sein, sich ewiger Jugend zu erfreu'n,
Denn er ist sehr wirkungsvoll …

Wilafred Strabo, Mönch und Dichter des 9. Jahrhunderts

Die Römer würzten mit Salbeisamen Käse und auch Russells *Buch der Nährung* enthält ein Rezept für Salbei-Beignet, einem beliebten Gericht im Mittelalter. Kaiser Karl der Große mochte das Aroma dieses kräftigen Krauts so sehr, dass er Salbei einen bevorzugten Platz in seinen Gärten geben ließ. Salbeitee wurde im 17. Jahrhundert in China populär. Die Chinesen schätzten Salbeitee dermaßen, dass sie mit den Holländern drei Kisten Teeblätter gegen eine Kiste Salbeiblätter tauschten. Wegen seiner antiseptischen Eigenschaften streute man Salbei gern im Haus aus, um Ungeziefer fern zu halten. Ein Sträußchen aus Kamillenblüten um einen Salbeizweig angeordnet stand für Weisheit und Ruhe des Alters. Ältere Damen trugen ein solches Sträußchen oft bei sich.

Pflanzen Sie Salbei neben Bienenstöcke, damit der Honig duftet und nach Salbei schmeckt.

Mischen Sie gehackten Salbei in Senf und streichen Sie Fleisch vor dem Braten mit der Paste ein. Es erhält ein besonderes Aroma.

EIN WIRKUNGSVOLLER **Punch**

„Man nehme Salbeiblüten, die gesammelt wurden, nachdem sie in der Sonne vollständig getrocknet sind, und fülle sie mindestens fünf Zentimeter hoch in eine leere Halbliter-Flasche. Dann gebe man die Schale einer Zitrone hinzu, die ebenfalls vollständig in der Sonne getrocknet wurde. Man fülle die Flasche mit gutem Bourbon auf und lasse sie vor Gebrauch mindestens zwei Wochen lang ruhen … je länger, desto besser."

Mrs. Lackners *Bergbitter*

RAINFARN

Tanacetum vulgare

Es kommt der Duft des Rainfarns von den Wiesen,
Wenn der Westwind über das Gras hinweg weht.

John Clare, Dichter des 19. Jahrhunderts

Zeus verliebte sich in Ganymedes, einen jungen Sterblichen von aussergewöhnlicher Schönheit, und nahm ihn mit auf den Berg Olymp. Um Ganymedes unsterblich zu machen, gab er ihm einen Rainfarnsud zu trinken. Darauf wurde er der Mundschenk der Götter. Der Name stammt von dem griechischen Wort *athanasia* ab, was „unsterblich" bedeutet. Rainfarn ist die Geburtstagsblume des 23. Februar und ist laut Astrologen mit dem Planeten Venus verbunden. In der Sprache der Blumen bedeutet es „Ich erkläre dir den Krieg".

LIEBE & TOD

Rainfarn ist der beste Freund einer Frau,

den Ehegatten ausgenommen.

Nicholas Culpeper, Botaniker des 17. Jahrhunderts

Vom Mittelalter an wendete man Rainfarn bei Frauen an, die nicht schwanger wurden. Um eine Fehlgeburt zu verhindern, legte man die Blätter auf den Nabel und verschrieb einen Rainfarnaufguss. In England war es Brauch, dass junge Männer und Frauen Rainfarnkuchen als Pfand in einem Osterspiel anboten, bei dem versucht wurde, sich gegenseitig die Schnallen der Schuhe wegzunehmen. In der Antike glaubte man, Rainfarnöl wirke konservierend, und bestrich Leichname damit. Ganze Sträußchen steckte man in die Grabtücher von Toten, damit sie nicht von Maden aufgefressen wurden.

❤ Legen Sie Rainfarnblätter in die Schuhe – sie schützen vor Unglück. ❤

RAINFARN
süß-sauer

Reiche dem Liebsten ein Omelett aus Rainfarnblättern, grünem Mais, Veilchen und Eiern mit einer Orange und Zucker. Das vertreibt seine schlechte Laune (Rezept aus dem Mittelalter).

RINGELBLUME

Calendula officinalis

Die Ringelblum, die mit der Sonne entschläft,
Und weinend mit ihr aufsteht.

William Shakespeare, *Ein Wintermärchen*, 1610–1611

DIE RINGELBLUME IST ENG VERBUNDEN MIT FRÜHEN INDISCHEN UND ARABISCHEN KULTUREN. Die Inder verehrten das Kraut und schmückten ihre Tempelaltäre, Schreine und die Statuen ihrer Götter damit. Für die Hindus repräsentierte die Ringelblume Leben, Ewigkeit und Gesundheit. Eine griechische Legende erzählt vom Ursprung der Blume: Ein junges Mädchen namens Caltha verliebte sich in den Sonnengott und lebte nur dafür, ihn jeden Morgen bei Sonnenaufgang wieder zu sehen. Es war so von seiner Leidenschaft verzehrt, dass es schließlich daran zugrunde ging. Zum Gedenken an ihre Hingabe wuchs an der Stelle, wo Caltha täglich gewacht hatte, die erste Ringelblume. Die Ringelblume soll übrigens auch eine Lieblingsblume der Jungfrau Maria gewesen sein.

In der Wappenkunde symbolisiert die Pflanze Treue und Frömmigkeit. Sie war die Lieblingsblume von Marguerite de Valois, der Großmutter von Heinrich IV. von Frankreich. Sie wählte das Zeichen der Blume, die sich der Sonne zuwendet, für ihr Wappen. Die Soldaten der Hugenotten pflückten vor einer Schlacht eine Ringelblume aus ihrem Garten und trugen sie als Zeichen ihrer Ergebenheit.

Die Ringelblume ist die Geburtstagsblume des 15. Januar. In der Blumensprache steht sie für ein sonniges Gemüt. Nach den Worten des Botanikers Nicholas Culpeper (17. Jahrhundert) ist die Ringelblume eine Pflanze der Sonne im Zeichen des Löwen.

LIEBE & TOD

DIE ALTEN GRIECHEN SCHMÜCKTEN SICH BEI Hochzeitsfeiern mit Ringelblumenkränzen. Die Pflanze im Haus zu haben, brachte angeblich Glück. Man glaubte, die strahlend gelben Blüten reflektierten die Sonne und böten Schutz. Von ihr zu träumen, verhieß Wohlstand, Erfolg oder eine glückliche Ehe. Der Dichter Geoffrey Chaucer verband die Blume im 14. Jahrhundert jedoch mit Eifersucht, indem er diese mit Ringelblumenkränzen geschmückt darstellte.

Zur Zeit der Tudors war es bei den Damen des englischen Königshofes Mode, Ringelblumenkränze zu tragen und Ringelblumensträuße bei sich zu haben, in die Stiefmütterchen eingeflochten waren. Junge Leute spielten mit der Ringelblume in Versen wie „er liebt mich, er liebt mich nicht“.

Die Hindus schmückten früher mit Ringelblumen die Scheiterhaufen zur Leichenverbrennung und auch Shakespeare erwähnte sie als Blume für Bestattungen.

Ein Sträußchen aus Ringelblumen und Mohnblumen enthielt die Botschaft „ich werde deinen Kummer lindern“ und ein Kranz aus Ringelblumen und Zypresse war traditionell ein Zeichen der Verzweiflung. Die Ureinwohner Mexikos nannten diese Pflanze die Todespflanze, weil sie glaubten, die Blumen seien dem Lebensblut entsprungen, das ihre Landsmänner vergossen hatten, als die spanischen Siedler auf der Suche nach Gold dort an Land gingen.

Die treue Ringelblume, seht,
Aus ihren Wurzeln neu entsteht.

Robert Graves, Dichter des 20. Jahrhunderts

❋ Berührt man mit nackten Füßen die Blütenblätter der Ringelblume, kann man verstehen, was die Vögel sagen. ❋

LIEBESSALBE von St. Lukas

Man mische am Tag des heiligen Lukas (18. Oktober) etwas Ringelblume, Thymian, Wermut, Honig und weißen Essig, lege sich ins Bett und verteile die Salbe auf Brust, Hüften und Magen. Nun wiederhole man folgende Worte:

Sankt Lukas, Sankt Lukas,
will ich dich anflehen:
Lass mich, wenn ich träume,
meine wahre Liebe sehen.

AROMA & FARBE

Lange vorm Aufstehen, als sich Entenjäger
In Ringelblumen und Binsen versteckten …

Seamus Heaney, Dichter des 20. Jahrhunderts

DIE RINGELBLUME HAT MAN STETS ZUM Würzen und Färben von Speisen verwendet. Frische Blütenblätter kamen in Salate und im 16. Jahrhundert war es in Europa modern, mit frischen und getrockneten Blütenköpfen Eintöpfe zu verzieren. Der englische Essayist Charles Lamb erinnerte sich an die unappetitlichen Mahlzeiten im Christ's Hospital während seiner Studentenzeit (Ende des 18. Jahrhunderts) mit folgenden verächtlichen Worten:

… donnerstags Rindfleisch … mit abscheulichen Ringelblumen, die im Kübel schwammen, die Brühe zu vergiften.

CALENDULA Pudding

3 EL Ringelblumenblüten
450 ml Milch
2 EL Zucker
1/2 TL Vanilleextrakt
2 große Eier

Zerstoßen Sie die Ringelblumenblüten in einem Mörser. Mischen Sie alle Zutaten und gießen Sie die Masse in einzelne Auflaufschalen. Stellen Sie die Schalen auf ein Blech mit etwas Wasser und backen Sie den Pudding etwa 30 Minuten lang bei 140 °C (Gasstufe 3), bis er fest ist. Garnieren Sie die Schalen jeweils mit einem einzelnen Blütenkopf.

Die Blütenblätter der Ringelblume, die den Farbstoff Calendulin enthalten, verwendete man statt Safran, um Reis Farbe und einen leicht pfeffrigen Geschmack zu geben. Auch Käse und Butter wurden damit gefärbt. Die grünen Blätter reichte man manchmal mit Spinat als Gemüse. Aus den Blüten wurde unter anderem Ringelblumenwein hergestellt. Frische Blüten wurden für den Winter haltbar gemacht, indem man sie trocknete, einmachte oder kandierte.

❋ Ein Strauß Ringelblumen in der Küche nimmt die Gerüche auf. ❋

❋ Die Blütenblätter geben Blumenpotpourris mehr Farbe. Sie wirken besonders in Kombination mit grünen Blättern. ❋

❋ Dekorieren Sie überzuckerte Kuchen mit gleich großen Ringelblumenköpfchen. ❋

HEILUNG

Öffne dein sternenförmig' Rund,
Leuchtender Ringelblumenmund.

John Keats, Dichter des 19. Jahrhunderts

In der Antike glaubte man, die Ringelblume könne bösartige Gedanken vertreiben. Im Kräuterbuch von Macer aus dem 12. Jahrhundert stand, dass allein das Betrachten von Ringelblumen das Sehvermögen verbessere, den Kopf befreie und eine heitere Stimmung fördere. Die Ringelblume wird auch in einer medizinischen Schrift aus dem 13. Jahrhundert genannt und scheint hauptsächlich zur Bekämpfung der Pest eingesetzt worden zu sein. Seit eh und je ist sie bei Zahnschmerzen, Krampfadern, zur Schmerzlinderung bei Verbrennungen, Verbrühungen und Stichen sowie als Verdauungsmittel angewandt worden. Man verordnete sie bei Pocken und bei Masern. In Jamaika behandelte man mit einem Ringelblumenaufguss Frauenkrankheiten. Im amerikanischen Bürgerkrieg verwendete man die Blätter und den Saft der Blüten zur Behandlung offener Wunden und um bei tiefen Schnittwunden die Blutung zu stillen. Im zweiten Weltkrieg gab man sowohl die Blätter als auch die Blüten in ein Mittel gegen Bronchialbeschwerden. Die Angehörigen der Wüstenstämme des Mittleren Ostens stellten aus den Blütenköpfen von Ringelblumen ein stärkendes Elixier für ihre Hengste und Zuchtstuten her.

❋ Bei kleineren Verbrennungen hilft ein Umschlag aus Ringelblumenblüten. ❋

❋ Behandeln Sie Hühneraugen mit dem Saft von Ringelblumenstängeln. ❋

❋ Ein Fiebernder sollte mit einem Aufguss aus den Blüten schwitzen. ❋

FEUCHTIGKEITSCREME mit Ringelblume

2–3 EL Ringelblumen-Blütenblätter
100 ml kochendes Wasser
115 g Feuchtigkeitscreme (geruchlos)

Die Blütenblätter in kochendem Wasser einweichen. Die Feuchtigkeitscreme ein wenig erhitzen und den gefilterten Aufguss mit einem Schneebesen unterrühren. Tragen Sie die Creme kalt auf raue Hautstellen auf.

REGISTER

***Kursive* Seitenzahlen beziehen sich auf Abbildungen**

DANKSAGUNG

Alle Fotos mit freundlicher Genehmigung von:

Flowers & Foliage

Ausnahmen:
Seite 7: Sylvie Corday
Seite 8 (oben), Seite 9: Image Select/Ann Ronan
Seite 10 (links), Seite 12 (oben rechts) & Seite 29: Quarto

Widmung der Autoren

Dieses Buch ist in inniger Liebe Colin, Kerry und Bryone gewidmet.